小白理财实操版

财务自由笔记

4개의 통장

[韩] 高敬镐——著　崔英梅——译　毛丹平——审订

中国经济出版社
CHINA ECONOMIC PUBLISHING HOUSE

北京

4 개의 통장 Four Bank Accounts by Ko, Kyung-ho
Copyright © 2009 by Ko, Kyung-ho
Original Korean edition was published by Dasan Books Co., Ltd.
Simplified Chinese language edition is published by arrangement with Dasan Books Co., Ltd. through PK Agency.
Simplified Chinese language edition © 2022 by **Grand China Publishing House**
All rights reserved.

No part of this book may be used or reproduced in any manner whatever without written permission except in the case of brief quotations embodied in critical articles or reviews.

本书中文简体字版通过 Grand China Publishing House [中资出版社（中国香港）] 授权中国经济出版社在中国内地出版并独家发行。未经出版者许可，不得以任何方式抄袭、复制或节录本书中的任何部分。

北京版权保护中心引进书版权合同登记号：图字 01-2022-1575 号

图书在版编目（CIP）数据

财务自由笔记：小白理财实操版 /（韩）高敬镐著；崔英梅译 . -- 北京：中国经济出版社，2022.6
　　ISBN 978-7-5136-6884-2

Ⅰ. ①财… Ⅱ. ①高… ②崔… Ⅲ. ①私人投资 - 通俗读物 Ⅳ. ① F830.59-49

中国版本图书馆 CIP 数据核字（2022）第 060022 号

作　　者：	[韩] 高敬镐
译　　者：	崔英梅
策　　划：	中资海派
执行策划：	黄　河　桂　林
责任编辑：	耿　园
特约编辑：	汤礼谦
责任印制：	马小宾
出版发行：	中国经济出版社
印　　刷：	深圳市精彩印联合印务有限公司
经　　销：	各地新华书店
开　　本：	787mm×1092mm　1/32
印　　张：	8
字　　数：	150 千字
版　　次：	2022 年 6 月第 1 版
印　　次：	2022 年 6 月第 1 次
定　　价：	49.80 元

广告经营许可证　京西工商广字第 8179 号

中国经济出版社　网址 http://www.economyph.com　社址 北京市东城区安定门外大街 58 号　邮编 100011
本版图书如存在印装质量问题，请与本社销售中心联系调换（联系电话：010-57512564）

版权所有　　盗版必究（举报电话：010-57512600）
国家版权局反盗版举报中心（举报电话：12390）　　服务热线：010-57512564

致 中 国 读 者 信

[手写韩文信件，附签名]

亲爱的中国读者：

你们好！

能通过书籍与各位结缘，我感到非常高兴。

这是一本介绍我自己经历以及实践过的金钱管理和投资方法的书。

我介绍的方法比较具体，也比较可行。虽说不是一蹴而就的成功法，但却是只要有效管理钱财就能增加财富的基本而必要的知识。所以，我相信它一定会成为您迈向财富与成功的好朋友。当各位准备将辛苦挣来的钱进行投资时，我希望我的书能给予大家实际的帮助。作为作者，这就是我全部的心愿。

希望中国的读者们都能更幸福，也更成功。

高敬镐

权威推荐
4개의통장

毛丹平
《金钱与命运》作者
个人理财专家、理财专栏作者

财富智慧，幸福人生

就如人类从来没有停止寻求智慧一样，人类也从未停止创造财富。财富的魅力就是改变，它可以改变生活的品质，改变人际关系，实现梦想和个人价值。也许，大多数人从来没有思考过财富与智慧的关系。

我想告诉大家，财富有它的运行规律，我们将它称为财富管理或者理财规划，这个规律能帮助你分析财务资源与人生目标之间的关系，帮助你明察眼前、预见未来，让财富发展的规律成为你实现幸福生活的助推器。

"耶稣和释迦牟尼，我嫁给谁呢？"泓是一个40岁的知识女性，隔着餐桌热气腾腾的雾气，她优雅地伸出左手和右手，提出了一个信仰归属的问题。人生是如此跌宕起伏,以至于再有知识的人也会陷入迷茫。耶稣和释迦牟尼是人类信仰的智者,他们不但能看透万事万物,更能洞悉来世今生。

人类,从来没有停止过寻求智慧。什么是智慧?词典上说,智慧是能迅速、灵活、正确地理解事物和解决问题的能力。忒壬斯说:"真正的智慧不仅在于能明察眼前,还在于能预见未来。"

《财务自由笔记(小白理财实操版)》就是一本传播财富智慧的价值观和方法论的书。作者高敬镐是韩国的一位资深理财规划师,他用朴实的平民逻辑,讲述成为有钱人的规律。他通过调查研究发现,虽然有14%的富人是通过继承财产获得财富,但大多数的富人都是尽心尽力工作、认认真真储蓄,逐渐在事业上取得成就,并抓住了投资机会。他用一个财富方程式表达了财富定律:

$$财富 = 对钱的迫切程度 \times 复利 \times 时间^2$$

财富方程式代表的是作者财富复利的价值观,这个价值观犹如巴菲特的名句:"财富就像滚雪球,最重要的是发现很湿的雪和长长的坡。"

每个人都知道,增加收入和减少支出是增加存款的基本方法。但是,大多数人并没有认真地管理收入和支出,这其中除了由于人类的惰性外（也许是渴望一夜暴富），也是因为没有掌握管理收入与支出的技巧。作者指出，这是一个方法的问题。所以，他支了一个纯技巧的"招"，就是"四个账户管理系统"：

1. 工资账户：用于领取工资以及固定支出管理
2. 消费账户：用于变动支出管理
3. 备用账户：用于备用资金管理
4. 投资账户：用于投资管理

如果将高敬镐的技巧和巴菲特的名句放在一起，你可以这样理解理财：聪明正确的收支管理就是"很湿的雪"，它有着高度累积的特质；而长期投资、复利生息就是"长长的坡"，它能加快财富累积的速度。

在我看来，高敬镐有爱心、有耐心。在这本书里，他用看似琐碎的管理方法，引用无数的人物故事，讲述工薪族也可以成为有钱人并实现梦想的理财奥秘。在我看来，这不仅是一种方法，更是一种智慧。如果你拥有了它，你的财富就拥有了雪坡，将会轻松地越滚越大。

毛丹平博士，深圳君融财富管理研究院院长，主持研发了理财规划师鉴定考试体系,发布了中国首个HNWI-China富裕人士财富管理指数,开发了IPFP理财规划建议书制作系统及高校教学系统。

毛丹平博士专注于研究"金融消费语言",以减少金融信息传递的误差。在她的带领下,研究院推出了理财规划师职业认证ChFP课程、公司理财师CoFP课程、财富管理师CHWM认证课程、私人银行家CPBA认证课程,同时为多家中外证券、银行、保险金融机构和第三方理财顾问机构提供《业绩倍增金融营销管理》《管理你的销售力量》等顾问式培训课程。

本书"财智观"为毛丹平博士的点评。

读者倾情推荐
4개의 통장

身边的专业理财顾问　申贞淑（教师）

看这本《财务自由笔记（小白理财实操版）》时，我感觉就像有一位专业的理财顾问坐在我面前，为我这个"理财盲"一一讲解理财知识。

这本书通过简单易懂的文字引导人们健康地理财。第 3 章提出的"理财系统"让我豁然开朗，好像一下子找到了突破口，可以解决长期以来困扰我的经济问题。作者还以自己的理财经历为例，显得格外有说服力。

立即走向致富之路的具体方法　安智善（销售员）

这本书不仅告诉我们，一个人不可能凭空成为有钱人，还为我们设计了一个可以立即走向致富之路的具体方法，让我觉得自己也可以成为有钱人。书中的很多内容都是我一直很想了解的，在读了两三遍以后，我对轻松积攒一大笔钱这件事充满自信。希望这本书能够指引像我这样的"理财盲"走向光明。

通俗易懂的理财书　车贤宇（导游）

以前我一直认为理财是专业性很强、很难懂的事情，所以一直回避这个问题。但是自从读完这本书后，我对理财充满了信心。这本书让我深刻地认识到理财是一项为现在以及未来生活所制订的尽可能完善的计划。我为自己没能早点读到这样的好书而感到非常遗憾。

这本书是我理财之路上的灯塔　李香淑（公司职员）

我对待理财的态度一直非常消极，尤其是我刚翻这本书时觉得有点难懂。后来，我安慰自己一开始不要急着完全理解书中的内容。于是，当我以平常心读完第一遍后，紧接着又看了一遍。当我第一遍读完这本书的时候，确实有很多地方让我不由自主地想再读一遍。

像一股流入你内心的清泉　曹成玄（工程师）

作者列举了许多他担任理财顾问时遇到的真实案例，并以他的理财方式为中心展开论述。因此，如果你不知如何开始家庭理财，那么这本书就会像一股流入你内心的清泉；如果你是一位理财师，在建立和维护客户关系等方面有困难，那么这也是一本必读书。

根据个人消费方式理财　金太宪（国际金融理财师）

与那些千篇一律地说"赚了很多钱""这样做肯定能赚很多钱"的书不同，这本《财务自由笔记（小白理财实操版）》让你在明确自己的消费方式后，再根据自己的投资偏好和动机进行投资。

实操性很强的一本书　金相镇（研究员）

这本书不只停留在理财动机的层面，还提出了具体可操作的实施方案。之前在家庭账本管理方面我从来没有成功过，一直对理财的第一阶段"支出管理"感到头疼。但是读完这本书后，我觉得如果按照书中提出的方法去做的话，成功的概率会比较大。

前 言
4개의통장

打造"四个账户"自动化理财系统,月入3 000元也能成为有钱人

到目前为止,有许多人来找我咨询理财、投资或邀请我讲课。他们的职业、年龄、财产、收入千差万别,所期望的财富值也大不相同。这些人中,仅有一小部分是由于钱太多而烦恼的人,大部分都是梦想成为有钱人的普通人。

他们虽然经济水平不同,但却有着惊人的相似之处,那就是投入大量时间和精力为事业打拼,却很少花时间理财,甚至从不理财。意识到这个问题后,再有人来向我咨询时,我会先引导他思考如何理财。

比如,当有人请我推荐股票型基金时,我会先让他深入思考自己的投资目的、投资期限、投资风险等。之后,如果他依然认

为投资股票型基金是最佳选择，那我会请他再进一步思考，他是用全部的可用资金投资，还是只用其中的一部分来投资。接下来，我再向他说明选择基金时的注意事项以及利用已有信息比较各种基金的方法。最后，让他自己决定到底买哪一种。

如果有人向我咨询要不要购买某种保险，我就让他想想，在生病或发生事故需要治疗时可以获得的赔偿，和意外死亡后家人的生计问题，哪一个更重要。等他想清楚后，再帮助他分析目前的收支情况。最后让他根据自己的收支情况决定交多少保险费比较合理。

先让他们自己思考，是因为我认为钱的去向，无论是用于投资还是用于消费，都应该自己作决定，尤其是当投资有损失本金的风险时，即便是金融专家的建议也只能作为参考。如果投资者对投资对象没有充分的认识，就不能对其进行投资。换句话说，金融专家不会为你承担选择后的结果，而听信朋友或同事等非专家的建议进行投资更是一种非常危险的选择。不过，那些虽不是专家，但通过自己的努力积攒了很多财富的人的建议另当别论。但无论何种情况，最终还是要自己判断、自己决定。如果没有对理财知识进行持续的关注和学习，是很难做到这一点的。

我总是在强调"理财系统"。这个系统的好处与其他系统相类似。让我们以汽车制造系统为例，一起来了解一下汽车制造厂生产汽车的整个过程。从研究、开发到形成生产线需要投入大量的时间和精力，但是只要规定好制造汽车的顺序、准备好生产装备，生产线就会根据指定的规则和作业分工自动生产。负责安装汽车玻璃的工人不用去想应该把什么样的玻璃安装在哪里，只要在指定的位置安装指定的玻璃就可以了；组装车门的工人也不用去想应该把什么样的车门组装在哪里，在指定的位置安装指定的门就可以了。在这样的作业过程中，工人们甚至连位置都不需要移动。生产中每完成一道工序，下面的工序会自动连接上。汽车生产厂家就是通过这种自动化的生产系统生产汽车的。

根据我自身的经验，如果我们可以运用类似的自动化系统理财，就可以事半功倍。事实上，我正在利用由"四个账户"构成的理财系统来进行理财。

向我咨询过的人，一定时期内（短则一周，长则数月）就会重新调整自己的理财策略。现在他们大部分人都是按照我提出的方法或类似的方法理财，并对这种理财方式带来的结果感到很满意。这让我备受鼓舞，也让我产生了和更多的人一起分享我的理财系统的想法。

除此之外，我写这本书的原因还在于，我由衷地希望读者能先管理好自己来之不易的钱后再去投资。我希望这本书能够成为《基本数学定石》那样长销45年的书，成为产品说明书那样的指南。

因此，这本书不会向你介绍能够获得高收益的理财秘诀或华丽的成功投资案例。相反，这本书的内容都是关于理财的"原则"和投资的"原理"，提出的方案任何人都可以实践。

我想通过这本书，为那些渴望理财却又不知从何入手的人们提供一个了解理财和投资基本技能的机会，让读者们满怀"我也可以"的信心；为那些平时虽然读了很多理财方面的书，也实践过无数次，但始终没有自己的投资理财原则和战略的人，提供一个回到起点、重新开始的契机。我由衷地希望，有更多的人从我的书中获得理财和投资方面的知识，并最终拥有一个适合自己的理财系统。

目　录
4개의통장

财富测试　你属于哪种财富性格？ / 1
　　　　　　测一测你的理财观念 / 3
　　　　　　三年后你会是哪类富人？ / 5
　　　　　　你成为有钱人的主要障碍是什么？ / 7

第 1 章　普通薪水赚大钱，其实也不难 / 9

　　　　　　财富梦想：人人都有机会实现 / 11
　　　　　　没钱、不懂也能富？只要转变理财观 / 15
　　　　　　财富 = 对钱的迫切程度 × 复利 × 时间^2 / 18
　　　　　　你真的很想成为有钱人吗？ / 19
　　　　　　复利：1% 细微差距的魔力 / 23
　　　　　　用时间催化，让钱加速倍增 / 37
　　　　　　成为有钱人的第一步：确立你的"小目标" / 40
　　　　　　财智观：理财要从储蓄开始 / 49

第 2 章　有钱人一直在做的三件事 / 51

每天几分钟，迅速了解你的收支情况 / 53
理财三步走：储蓄、预留、再投资 / 55
捂紧你的钱包：减少不必要的支出 / 57
守住你的钱包：留足 3 个月的生活费 / 66
喂饱你的钱包：长期坚持复利投资 / 79
财智观：为不确定的意外早做准备 / 87

第 3 章　自动化理财系统：四个账户让钱生钱 / 89

根据钱的用途，使用不同的账户来管理 / 91
"四个账户"理财系统：小白也能轻松理财 / 93
工资账户：为收入把关 / 95
消费账户：养成定额消费的习惯 / 99
备用账户：以备不时之需 / 102
投资账户：投资生财 / 103
经常检查一下你的四个账户 / 108
财智观：在事实层面做到节约开支 / 116

第 4 章　让银行的钱为我所用 / 119

"资产"并非都是好东西 / 121
如何正确地向银行借钱？ / 124
"好"负债能帮你增加财富 / 129
贷款买房，"投资价值"不可忽视 / 133
财智观：买房的实践方法和技巧 / 150

第 5 章　投资理财，"小钱"终将变"大钱" / 153

不必攀比，盯紧自己的投资目标 / 155
保住本金的秘诀 / 157
你究竟为了什么而投资？ / 164
正确的基金，如何挑选 / 169
30 年后，你拿什么养活自己？ / 181
投资的天平：一边是收益，一边是风险 / 187
切勿盲目追求短期小利，关注长期收益 / 191
投资组合：适合你更重要 / 194
种下金钱后，你期望收成多少？ / 201

成为有钱人的路就在脚下　/ 216
财智观：结合人生目标，合理配置资产　/ 221

后　　记	工薪族成为有钱人的最佳方式就是"投资自己"　/ 223
译后记	"四个账户"自动化理财系统，让"有钱"触手可及　/ 227
附　　录	共读书单　/ 231

财富测试
4개의 통장

你属于哪种财富性格？

假设有一天你走在大街上，突然看到一座高耸的围墙。你靠近时发现围墙上有一个孔洞。你按捺不住好奇心，凑上去看。你觉得通过孔洞将看到的场景是：

A. 一对男女在谈情说爱

B. 一栋富丽堂皇的大宅邸

C. 没有边际郁郁葱葱的大花园草坪

D. 正对着你虎视眈眈的警卫员

测试结果

A. 你是一个标准的乐观主义者。面对投资的诱惑，你一定会仔细审核自己的致富目标是否切合实际，是否在你的能力范围内。你是一个喜欢把财富掌握在自己手中的人，而且致富以后，你倾向于利用金钱改善生活，对生活质量有高追求。

B. 你是一个金钱崇拜者，总在憧憬着奢华的生活。你的赚钱目标是客观的，你总会有办法达到致富的目标。

C. 你是一个很现实的人，目标总是很客观、容易实现的。在理财方面，这种性格让你拥有稳扎稳打的优点，也让你容易前怕狼后怕虎。

D. 怯懦是你给人的第一感觉。你做起事来总是谨慎恐惧，唯恐出错，适合做与会计有关的工作。你怕冒险，怕钱多了会有新的麻烦，你的生活平稳安宁，无论是生活目标还是理财目标都很现实。

测一测你的理财观念

岁末大扫除时,你会先丢掉下列哪一样物品?

A. 旧衣服

B. 体积过大的老电器

C. 零零碎碎的小东西

D. 过期的旧书杂志

测试结果

A. 你赚钱的能力很强，可惜你花钱的能力更强，所以尽管收入很高，你仍然觉得钱不够花！跟你收入一样的人都可以住豪宅了，可你却还是常常口袋空空。

B. 你的理财观念是冲动派的。虽然买起东西来不至于浪费，但是却常常买一些用不着的东西，而你又不善于另开财源。看来你需要一个善于理财的人帮助你。

C. 你买东西至少会考虑三次以上，但是在朋友面前又装作很气派的样子，所以一般人都觉得你手头蛮宽裕的，殊不知其实你是个开源与节流并重的理财大师。

D. 你对理财颇有概念，从不乱花钱，你购买的东西一定"便宜又实惠"。美中不足的是，你只在节流方面努力，很少思考开源的方法。

三年后你会是哪类富人？

如果你正在努力减肥，而你的朋友却想请你吃大餐。你直觉他的心态是什么？

A. 逗你开心希望你轻松面对减肥

B. 根本就是故意取笑你、看扁你

C. 考验你减肥的意志力够不够坚强

D. 心疼你挨饿减肥太辛苦

测试结果

A. 你是拼命赚钱的个性，觉得努力打拼就好了，一旦执着于一件事情的时候很容易全身心投入，把吃苦当进补。

B. 你是喜欢享受的个性。这类人孩子气十足，而且心肠很好耳根子很软，认为自己很开心很好。

C. 你是个潜力无穷的理财高手。这类人学习能力很强，可以作出判断分析，因此很有机会成为绩优股。

D. 你缺乏打拼的动力，比较安于现状，会品味自己的人生，挑选工作时以合乎自己的尊严和喜好为主要标准。

你成为有钱人的主要障碍是什么？

出国旅游时，购物是很重要的一个行程。尤其是跳蚤市场，不但价格极富弹性，还可以挖到不少宝贝，回国后价格可能会翻几倍。你对下列哪一项宝物感兴趣？

A. 古董相机
B. 手工织毯
C. 古银首饰
D. 书画艺品

测试结果

A. 你对于钱财的运用没有什么概念，开源和节流两种工作，你宁可只做前者。所以你可以试着去投资，因为你品味很不错，能够选到可以增值的物品，这样你的收藏癖好，就不再只是让你花大钱，还能有一点回收价值。

B. 你对于推销员的话会照单全收，因为你是感性消费者，支出数目有高有低。最好先编列预算，控制自己的花费，才可能挽救你的赤字。

C. 你对每一分钱都很重视，认为财富就是靠这样一点一滴积累起来的，当然不能小觑。虽然你可以从各方面省下一些钱，为数也很可观，可是速度还是太慢，而且趋于保守，没办法有效率地管理钱财。

D. 你有一点不切实际，做什么都只是为了完成梦想，一点儿都没有做现实的考虑。对于理财，你也觉得十分头疼，很被动。

* 该测试题源自网络

第 1 章

普通薪水赚大钱，其实也不难

西方"放在桌上的现金"与中国"压在床板下的钱"都是最常使用的隐喻，喻指人们错过了获利的机会。之所以说错过了获利机会，是因为货币具有时间价值。

4개의 통장

沃伦·巴菲特

2008年福布斯富豪榜世界首富、"护城河"理论创立者、被誉为"股神"。

畅销书《巴菲特的护城河》系统阐释了巴菲特的护城河理论。

4 개의 통장 FOUR BANK ACCOUNTS

耐得住时间的考验才最真实:

能让你赚大钱的不是你的判断,

而是耐心等待的功夫。

我们所做的事,

不超过任何人的能力范围。

财富梦想：人人都有机会实现

世间的事虽然变化无常，但也有亘古不变的东西，比如人们对金钱表现出的关切和欲望。有钱的人希望更有钱，没钱的人迫于生计更需要钱。由于没钱，许多人年事已高仍不得不继续工作。钱虽然不是人生的全部，但几乎每个人成年后，都会用半生甚至更长的时间去工作或创业，其主要目的就是赚钱。如果说，口渴的人对水表现出的渴望仅仅只是强烈，那么，那些由于没钱而饱尝艰辛的人，对钱的渴望则更为深刻而痛苦。

现在这个社会，人们对钱的渴望比任何时候都要强烈。每天，出版社、杂志社等出版企业编辑出大量的理财书籍或期刊；电台、电视等大众媒体也争先恐后地制作理财方面的节目；银行、证券公司、保险公司等金融企业更是不遗余力地推销它们的理财产品。

在这种形势下，人们很容易产生"如果不做点什么就会落后于这个时代"的不安感，于是一心想要早日成为有钱的人，也开始焦躁起来。如果你也是其中的一员，那么，你必须先让自己冷静下来，因为这种情绪很容易让你产生投机的念头，以至于把宝贵的钱投资到自己并不了解的对象上。如此反复几次后，你成为有钱人的梦想会离你越来越远。

你认为拥有多少钱，才算是有钱人呢？按照你的标准，你认为有一天你会成为有钱人吗？这个问题虽然很简单，但如果你平时没有认真想过，我想你也很难立即给出答案。最近到处流行"创造600万元（书中所有金额均已换算为人民币。——译者注）"的口号，这句话让大多数人都认为600万元就是有钱人的标准。那么，想要拥有600万元需要多长时间呢？按"600万元就是有钱人"的标准，你能否有一天成为有钱人呢？我们一起来分析一下吧。

如果你的年薪是18万元，就算一分钱不花全部存起来，也需要33年；如果你的年薪是30万元，同样一分钱不花全部存起来，也需要20年。如果考虑涨工资或适当的投资收益率的话，时间还能再缩短一些，但对绝大多数人来说，一分钱不花全部存起来的做法是根本不可能的事情。因此，不用一一计算涨工资或投资收益率，也可以知道拥有600万元并不是一件简单的事情。

如果是上班族，工资在还没有到手之前就会以所得税、社会保险、医疗保险费等方式被扣掉10%左右；如果你已经组建了家庭，那么你每个月可能连存下实发工资的20%都很难。虽然退休后也还可以继续工作，但即使做个体经营，收入也未必会比上班时的年薪多，甚至可能会把退休前好不容易积攒下来的钱全部赔进去。而且，20～30年后，如果考虑物价上涨，600万元的价值可能会减少为原来的一半或更少。所以，只有积攒超过600万元的钱，你才可以成为现在标准中的有钱人。

如果你已经四十七八岁，而且很幸运地在首尔拥有一套自己的房子——使用面积85平方米的公寓。按最近的平均行情，你算拥有了约300万元的不动产、30万～60万元的金融资产。如果你已经偿还了所有住房贷款，就可算是拥有至少300万～360万元，这样看起来就已经离600万元这个目标不远了。

但是，你的第一个孩子很快就要上大学了，接着，第二个孩子也要上大学，大学的学费一年至少也需要4.2万元左右。除此之外，还有很多用钱的地方。直到你的两个子女大学毕业，至少还需要支出60多万元。那时，你可能已经50岁了。但过不了多久，你还得为子女们筹措婚礼。就算可以让子女们自己解决结婚费用，但做父母的怎么可能不管不顾呢？至少也要给孩子们准备一间传贳房（传贳房是韩国独有的租房模式，租户将一定数额的押金交给房主并签订租房合同，租户不用再交房租，这种押金专名"传贳金"。合同期满时,房主必须原数退还"传贳金"。房客付出的只是租金的利息而已。——译者注)吧。因此,在退休之前,你的储蓄不会变得越来越多,反而可能越来越少,甚至连现有的财产都很难保住。等孩子们一个个结完婚,你才可以松一口气,开始规划自己余下的人生。这时你会想,这段时间房价涨了点,是不是应该用手中的退休金做点小生意呢?你想成为有钱人吗?那你必须要克服上述种种问题,否则是很难成为有钱人的。

我们再来看看下面的统计资料,你就会更清楚地认识到,成为有钱人是一件多么不容易的事。

据美国的投资银行美林公司和凯捷资讯公司共同发表的《2007年亚太地区财富报告》,从2006年底至报告发布时,韩国拥有100万美元金融资产以上的人,也就是除了房地产以外,持有600万元以上的存款、股票等的大约有99 000人。同年,韩国的经济活动人口(指全部从事经济活动的就业人口,包括要求从事经济活动而尚未获得工作的失业人口。经济活动人口实际上就是劳动力人口。韩国将15岁至65岁的人口列为经济活动人口。——译者注)约有2 400万人。由此可见,拥有600万元以上金融资产的人还不到经济人口的0.4%。可想而知,拥有600万元比想象中要难得多。

在韩国,靠房地产致富的人要比靠金融资产致富的人多,所以也许有人会认为这两种情形会有所不同。

2007年,综合房地产税(相当于我国的房地产税。——译者注)的纳税人约有486 000人。当时的纳税标准是每户拥有公示价格360万元以上的住房或公示价格180万元以上的地(还没有开发的建筑用地。——译者注)。所以,有人预测在这些人当中,拥有600万元以上资产的人应该很多,但实际计算得出,包含房产在内,拥有600万元以上财产的人也不到60万人,也就是说仅仅是韩国人口的1%。这样看起来,对大部分人来说,拥有600万元只是梦想。但即使是这样,大多数正直、诚实的韩国人还是相信总有一天,自己的手中也可以握有600万元。中国、印度、日本等所有亚洲国家拥有600万元以上资产的有钱人加起来也不过260万人,但在韩国,有数十万、数百万人梦想成为600万元资产的拥有者。

我的统计学知识很有限,还没有达到可以毫无误差地重新组合统计数据说服他人的水平,我也没有要捣毁大多数人成为有钱人的梦想的意图。我仅仅是希望每个人能够拥有一个现实的、可计算的财富目标。

没钱、不懂也能富?只要转变理财观

也许你会问:有钱人到底是怎样炼成的呢?在前面提到的99 000人当中,通过继承财产拥有600万元以上资产的人仅仅占

14%。48%的人是因为事业有成，17%的人是因为高收入，余下的21%的人是用其他方法成了有钱人。即使未继承一大笔财产也能成为有钱人的事实，给人们带来了无限希望。大多数白手起家的人认为，自己之所以能够成为有钱人，是因为脚踏实地、尽心尽力工作，认认真真储蓄，渐渐地事业有成，也开始有了投资的机会。在这个过程中，他们为钱投入了多少心血和精力是不言而喻的。

如果你也想成为有钱人，就应该像他们一样脚踏实地、认真储蓄。但这并不等于说要经常饿着肚子不吃饭，或取消一家人每个月仅有一两次的下馆子活动，自己虐待自己。世上没有任何一条法律规定每个人都必须要积攒600万元以上，所以，你完全可以在保证一定生活质量的前提下充分储蓄。我所说的"充分储蓄"，是指每个人根据自身的条件，最大限度地储蓄。人与人是不同的，有的人能够存下收入的50%，而有的人只能存下收入的5%。

> 如果你想实现财务自由，首先要清楚知道自己目前的财务状况。知道自己每月收入多少、支出多少。这样才能根据自己的情况制定合理的投资计划，逐步向财务自由的目标迈进。

我相信，大部分人不能充分储蓄的原因，并不是浪费，而是不清楚自己每个月的收入在哪些方面支出了多少,最终剩下了多少。

你知道这个月的工资中扣了多少税吗?扣了多少社会保险费和医疗保险费?你清楚这个月消费了多少吗?如果超出了上个月的消费额,是在哪方面超出的?如果少于上个月的消费额,是少在哪儿?

如果你能如此细心地关心钱的支出去向,就凭这一点,也会有助于你增加储蓄。刚开始可能会有一点困难,但只要稍微再努力一点,就能养成每月定额消费的习惯。只要一直保持这种习惯,你肯定能比现在积攒更多的钱。

人们常常认为,只有赚很多钱的人才有可能成为有钱人。实际上,如果没有养成存钱的习惯,就算赚再多的钱,也不会有更多的积蓄。

我认识一些月薪过万的人。不过,他们中大部分人的生活都谈不上比别人好。其实,理由很简单:钱赚得越多,花得就越多,渐渐地,就会对消费失去控制,对金钱的数额失去概念。于是,当他们意识到自己每月支出数额庞大时,通常会感到非常惊讶。如果有一天,收入突然减少或者生活突陷困境,那么,他们不得不承受更大的经济压力。钱和人一样,你给它的爱惜越多,它给你的报答也越多。即使只是一点小小的回报,一点一滴聚集起来,也可以成为一笔可观的收入。如果以这一笔钱为本钱进行投资或储蓄，那么它增长的速度就会更快。

如果你真想成为有钱人，就要从存钱开始，暂时把那种通过工作或投资从而获得更大收益的想法放置一边。当然，还是要不断地自我提升，因为你可能拥有大企业家或大投资家的才能。虽然获得巨大成功的人只是少数，但有一天你也可能成为其中的一员。

财富 = 对钱的迫切程度 × 复利 × 时间^2

自然界中力的定律，由于是牛顿发现后用数学方法表示出来的，因此叫"牛顿第二定律"。这个定律可以用简单的数学公式表示：

$$F(力) = m(质量) \times a(加速度)$$

我一直在问自己：这世间如果真的存在一则财富增长的定律的话，该怎么用公式表示？经过不懈探索，我最终得出了如下结论：

$$财富 = 对钱的迫切程度 \times 复利 \times 时间^2$$

我把这个公式称为"财富方程式",也就是我一直探索的财富定律。

其实,世上并不存在成为有钱人的绝对定律。而且,我也不能提供推导出这个公式的具体数据。不过,这个公式里面确实包含着能够让财富增值的原理。在下文中,我将为你详细解读这个方程式。

你真的很想成为有钱人吗?

李顺德奶奶出生在黄海岛,10岁的时候,失去了父母。为了赚钱,她把两个妹妹留在家里,一个人远离家乡。后来爆发了朝鲜战争,她不得不在韩国定居。李奶奶每天思念着留在北边的两个妹妹,希望有一天南北统一后可以给她们买个小房子。

为了完成这个心愿,她什么脏活累活都干,拼命赚钱。但最后,由于没有找到她的妹妹,她把积攒了一辈子的财产——360万元全部捐给了韩国建国大学。她说,既然不能把这些钱留给妹妹们,那就帮助家庭困难的学生吧。她要求学校相关人员:如果有一天南北统一,请一定要找到她的妹妹们,并给予相应的帮助。

也许有人会认为，对于一辈子拼命赚钱的人来说，360万元还算不上一大笔钱。但是对一个靠做针线活和卖香烟为生的老奶奶来说，360万元却是一大笔饱含血泪的钱。

那么，到底是什么让老奶奶积攒下这么多钱呢？是对钱的渴望。如果没有对妹妹们的强烈思念，如果不是迫切地期盼南北统一后和妹妹们一起幸福地生活，她能够积攒下360万元吗？

这就是我所说的"对钱的迫切程度"。这是一个迫切的梦想，是任何东西都无法换取的。为了实现这个梦想，李奶奶有了强大的动力，那就是一定要成为有钱人。在我见过的人当中，有的人连正式的工作都没有，整天靠父母的财产生活；有的人整天只想着有没有办法继承财产。但也有一些人迫切地想要成为有钱人。在这里我介绍一个令我印象深刻的案例。

朴科长，37岁，在一家外资制药公司工作。由于家境不好，他从小就吃了很多苦。特别是读大学时，经济很困难。令人欣慰的是，他读书非常用功，得过几次奖学金。他还通过做家教或在补习班做辅导老师来解决学费和生活费。临近毕业的时候，他很想去美国留学或者在韩国国内继续攻读研究生，但考虑到要赡养住在乡下的贫穷的父母，他最后选择了工作。他只有一个明确的"一定要成为有钱人"的理由：

第1章　普通薪水赚大钱，其实也不难

如果自己的子女很想读书的话，无论是10年还是20年，他都会负担他们的教育费用。

每当听到辛苦一辈子的父母对他说"抱歉"的时候，他就告诉自己，绝不能再因为贫穷而对自己的子女怀有这种情感。

为了实现这个目标，他决定从储蓄开始。上班的第一年，他买了4套西服，至今已经翻新了几次，其中有两套已经穿了10年。他甚至还有几件穿了10年的内衣。结婚之前，给乡下的父母寄钱后，他把一半以上的工资都存进了银行。结婚之后，夫妻俩商定，妻子的工资负责所有的支出，他的工资全部存起来。

好不容易买了一套公寓，但他们把公寓以传贳房的方式租给别人，搬到了妻子的娘家。一方面是因为不想白白支付贷款利息，另一方面也是希望老人们能帮着教育孩子。等他们存够了传贳金还给租房人，回到自己房子的时候，已经是4年后了。正是朴科长想成为有钱人的迫切愿望，让他采取了这样的行动。

你是真的想成为有钱人呢，还是只是想"要是能成为有钱人就好了"？要想了解你自己是不是拥有这种迫切感，其实很容易。如果你真的想成为有钱人，但现在还没有充分储蓄的话，那是因

为你对钱的需求并不是那么迫切。

就像我前面提到的,充分储蓄并没有诸如"一定要将工资的30%以上存起来"的绝对标准,而是要你根据自身的条件,最大限度地储蓄。如果你决定要增加储蓄但几个月后却放弃了,或者如果你决定要比上个月减少支出却从未做到,则说明你对钱的需求还不够迫切。

当然,在实际生活中,也会遇到不能充分储蓄或者不得不减少储蓄的时候,但是如果没有对钱的迫切感的话,等情况一好转,你还会和从前一样。迫切感会让你行动起来,而且还会让你尽可能多储蓄一点。

真正清楚自己生活目标的人,可以承受任何一种生活。开始制订理财计划前,一定要明确自己想要过上什么样的生活,这样你的理财计划才能做到有的放矢。

在此我要特别说明一点:迫切感和对钱的欲望是不一样的。过分的欲望让人不只紧盯着自己的储蓄,还会对别人的东西产生贪念。这种欲望只会让你活得更累。

复利：1% 细微差距的魔力

如果说，这世间确实存在一根能让人成为有钱人的"魔法棒"的话，那可能就是"复利投资"了。与"复利"相对的概念是"单利"，它们之间的差异在于计算利息的方式不同：复利不仅对最初投入的本金计算利息，还包括"利滚利"（即把利息加在本金上重新当本金计算利息）。单利仅仅是对最初的本金计算利息。

如果把 60 万元投资于年利率 10% 的复利式金融产品，2 年后可以得到如下结果：

1 年后利息：60 万元 × 10% = 6 万元

2 年后利息：(60 万元 + 6 万元) × 10% = 6.6 万元

投资结果：60 万元 + 6 万元 + 6.6 万元 = 72.6 万元

把 60 万元投资于年利率 10% 的单利式金融产品，2 年后的情况却有些不同：

1 年后利息：60 万元 × 10% = 6 万元

2 年后利息：60 万元 × 10% = 6 万元

投资结果：60 万元 + 6 万元 + 6 万元 = 72 万元

复利通常是指年复利，实际上，按计算周期，复利也包括年复利、6个月复利、月复利等。看到上面的案例，有些人可能会认为无论是以复利的方式还是单利的方式，结果好像都没有太大的差异，但事实绝非如此。有一个关于复利的故事，相信很多人都听说过：

> 1626年，美国早期移民用价值24美元的首饰和小玻璃球，向印第安人买下了整个纽约曼哈顿。当以华尔街为代表的曼哈顿成为世界金融中心后，人们嘲笑当时的印第安人愚蠢。但著名的基金经理彼得·林奇却有不同的看法。他说，如果当时印第安人把收到的东西换成钱，按年利率8%投资复利式债券的话，363年后的1989年可能已经拥有大约32万亿美元了。

1989年，整个曼哈顿的地价按市值还不到1 000亿美元。可想而知，32万亿美元是一笔多大数额的钱了。人们称这样的现象为"复利的魔法"。如果把24美元按年利率8%用单利投资，363年后会有多少呢？其结果更让人惊讶，仅仅是721美元。

如果你觉得363年的时间太长，那么不妨考虑一下我对于下面这场交易的提议：假如我愿意借给你60万元，偿还条件是下个月只还6元，以后的每个月要比前一个月多还5%的金额，持续还款 20 年。也就是说第一个月还 6 元，第二个月还 6.3 元，第三个月还 6.6 元，第四个月还 6.9 元，以这种方式分 20 年还款，每个月只需多还一点点。请问：你愿意和我做这场交易吗？

如果你认为，借款 60 万元，每个月只需还 6 元，实在太轻松了，从而同意进行这场交易的话，你会后悔一辈子的。因为在这 20 年里，你至少要支付 1 440 万元。站在你的立场上看，你是借了 60 万元，支付了 1 380 万元的利息；站在我的立场上看，我是投资了 60 万元，得到了 1 380 万元的收益。这就是按月复利 5% 的收益率每月投资 6 元，20 年后这笔投资会超过 1 440 万元。

有些人由于无法向银行贷款，不得不借高利贷，最后走向破产，正是这个原因。只要延期还款一次，不仅是本金的利息，利息衍生的利息也会按复利的方式增长。这样一来，要偿还的金额可能一下子变成了本金的 2 倍甚至 3 倍，最后就算想还也无能为力了。复利具有强大的力量，所以，即使是 1% 的差异，利用它进行投资的结果也会天差地别。如果把 60 万元按年利率 4% 的税后收益率进行复利投资，30 年后会变成 195 万元；按年利率 5% 的税后收益率，30 年后会变成约 259 万元；如果可以按年利率 7% 的税后收益率，30 年后则会变成约 457 万元。

仅仅 1% 的收益率差异，30 年后却带来 64 万元的差异；3% 的收益率差异，30 年后竟会带来 262 万元的巨大差异（超过投资本金的 4 倍多）。有经验的有钱人们非常了解这种差异。

一天清早，我到某银行江南区逸院洞支行办理业务。距离办公时间还有几分钟，但银行里已经坐着五六位老人了。我好奇地向大堂经理询问他们是来办理什么业务的。大堂经理告诉我，这些老人是 VIP 客户，今天是来办理数量有限的特殊定期存款业务，一大早就到银行排队等待了。

逸院洞住宅区住着很多年长的有钱人，他们常去银行办理相关业务。由于股票型基金可能会损失本金，他们更倾向于保守的投资策略。即使是低息时代，他们依然偏爱定期存款或确定利率型免税年金保险（确定利率型是与利率联动型相反的概念，指保险公司与投保人约定期满时，返还投保期间投保人缴纳的保险费及每年确定利率的保险年金。——译者注）等。那时正是寒冷的一月，他们不顾严寒大清早在银行等候，仅仅只是为了获得一年仅有的一两次能够得到 1% 追加利息的好机会。

> 一笔投与定投是你财富征途上的两件武器。一笔投是对当前可投资资产的投资决策，定投是对未来可投资资产的投资选择。只有双剑合璧，你才能做到战无不胜。

很多人都觉得这 1% 微不足道，但有钱人从来都不会漠视这种差异。投资 6 000 元于年利率 1% 的产品,一年的利息仅仅不过 60 元;但如果把本金追加到 600 万元,一年的利息就有 6 万元。正因重视这种细微的差异,有钱人才能够成为有钱人,并且在未来依然是有钱人。

表 1.1 一次性投资 60 万元的复利投资收益表

(单位:元)

投资期限	税后收益率(年复利)			税后收益率的差异	
	①4%	②5%	③7%	1%(②-①)	3%(③-①)
5年	729 960	765 720	841 500	35 760	111 540
10年	888 120	977 280	1 180 260	89 160	292 140
20年	1 313 660	1 591 980	2 321 760	277 260	1 007 100
30年	1 946 040	2 593 140	4 567 320	647 100	2 621 280

注:税后收益指除去收益产生的所得税、交易金融产品时须支付的手续费等各种投资费用后,获得的最终收益。

如果你已经明白了复利投资的重要性,就要养成一种习惯,那就是在储蓄、投资基金等金融产品时,亲自计算复利投资收益率,做到明明白白投资。

假设有 60 万元投资本金,想在 5 年后变成 72 万元。

通过计算收益率可以知道,投入本金 60 万元,得到 12 万元的收益,5 年期间的累积收益率是 20%。收益率虽算不上很高,但还是可以接受的。不过,通过计算我们发现,它的年复利收益率只有 3.7%，这比最近银行 1 年定期存款利率还要低。换句话说，如果办理定期存款业务，每年反复储蓄本金和利息，反而能得到更大的收益。当然，根据投资期间的利率变动，其结果可能会有差异。实际上，我真正想说的是，基金投资的实际收益率有时会比评估的收益率更高。

表 1.2　每年追加投资 6 万元的投资收益表

（单位：元）

投资期限	税后收益率（年复利）			税后收益率的差异	
	①4%	②5%	③7%	1%（②-①）	3%（③-①）
5年	337 980	348 060	369 180	10 080	31 200
10年	749 160	792 360	886 980	43 200	137 820
20年	1 858 140	2 083 140	2 631 900	225 000	773 760
30年	3 499 680	4 185 600	6 064 380	685 920	2 564 700

单纯用累积收益率除以投资期限计算年均收益率的方法（即用 5 年的累积收益率 20%，除以 5 计算出年均收益率为 4%）并不是合理的收益率评估方法。因为这种计算方法可能是用单利原理计算的，投资期限越长，这种错视现象越明显。

如果将 60 万元按 7% 的税后年收益率进行复利投资，经过不同年限的累积，金额如表 1.3 所示。明明是用 7% 的年复利收益率计算的,但看上去似乎单利计算出的年均收益率更高,而事实并非如此。这就是所谓的"收益率错视现象"。

因此,投资(基金等)前,最好先计算复利收益率,然后和银行的定期存款利率相比较。只有这样,才能更合理地评估本金损失的风险。这种做法不仅适用于金融产品,还适用于房地产等投资对象。

表 1.3　收益率错视现象

[投资本金 60 万元,税后收益率(年复利)7%]

投资期限/年	5	10	20	30
税后收益/元	841 500	1 180 260	2 321 760	4 567 320
累积收益率/%	40.25	96.71	286.96	661.22
年均收益率/%	8.05	9.67	14.35	22.04

计算复利收益率的方法虽然有些复杂,但可以利用 Excel 软件进行简单的计算,即使不知道原理也没有关系。计算复利收益率,在 Excel 的单元格中输入:

= rate(投资年数,0,−投资本金,投资结果)

例如，一次性投资基金 6 万元，3 年后变成 7.2 万元，在单元格中输入：

= rate（3，0，-60 000，72 000）

Excel 软件会自动计算出结果：6.3%，这表示本金在 3 年内按年均收益率 6.3% 的复利进行投资。（如果不是 6.3%，而是 0 或 0.06，选定单元格，按鼠标右键选择设置单元格格式，在数值选项卡中选择百分比范围，调整小数位。）

如果是每月追加式投资，就在单元格中输入：

= rate（投资月数，-每月追加金额，0，投资结果，1）×12

例如，每月追加式投资 6 000 元，3 年（36 个月）后变成 24 万元：在单元格中输入：

= rate（36，-6 000，0，240 000，1）×12

Excel 软件会自动计算出结果：6.7%，这表示每月投资的钱相当于按 6.7% 的年均收益率复利投资。

事实上，评估投资收益率并不像想象的那么简单。前面提供的复利收益率计算方法，只有在一次性投资或定期定额投资、以年为单位评估收益率时才适用。如果投资基金等实绩红利型（即根据经营实绩可能得到收益，也可能会损失本金。——译者注）金融产品，在投资期间回收一部分资金或不定期不定额投资，抑或当投资期限不是以年为单位时，前面提到的计算方法都不适用。对此，专家们常采用"金额加重收益率"或"时间加重收益率"的计算方法。但对个人投资者来说，没有必要用这么复杂的收益率计算方法。即使采用这种计算方法，如果投资金的买入与赎回太过频繁，其计算过程也会变得很复杂。

> **投资者要记住三个要点：选基金公司比选基金经理重要；基金的下跌市表现比上涨市表现重要；长线回报率比短线回报率重要。**

在这里，我提供一种简单的复利收益率计算方法，可以作为评估投资收益率的补充方法。例如，一次性投资期限为 1 年 6 个月，就用 1.5 年计算，如果是追加式不定期投资，就用一年的投资总额除以 12 作为每月的投资金额，就可以计算出大概的年复利收益率。

值得注意的是，用一次性投资收益率计算方法计算追加式投资收益率，可能无法得出正确的结果。案例中，投资总额21.6万元（＝6 000元×36个月），得到了2.4万元的收益，累积收益率是11.1%（＝2.4万元÷21.6万元），年均收益率是3.7%（＝11.1%÷3年）。费尽精力投资了3年，却只得到这个结果，不免令人失望，但这并不是合理的评估方法。因为这是把21.6万元当作一次性投资计算的收益率，并不是每月追加式投资的收益率。就像在银行办理的零存整取存款业务，到期利息不能用定期存款利息计算一样。如果办理了3年期限的零存整取存款业务，想得到3年定期存款利息，就要办理税后年利率7.2%的零存整取存款业务，这其实是一个不小的收益率。

知识点

定期存款和零存整取存款的利息差异

把6万元按5%的年利率定期存款，1年后会有3 000元的利息。但是以同样的利率办理零存整取存款业务，每月存4 998元，存一年（4 998元×12个月≈60 000元），到期后的利息只有定期存款利息的一半左右，即1 620元。这是因为只有第一个月的储蓄金额能够得到5%的年利率，第二个月只能按 11 个月的利息计算、第三个月按 10 个月的利息计算。以此类推,最后一个月只能按 1 个月的利息计算,这是每个月存款的期限不同造成的。

零存整取到期后的利息可以参考下面的方法进行简单的计算:

到期利息(税前)= 月储蓄金额 ×(利率÷12)× [到期月数 ×(到期月数+1)÷2]

例如,每月存 6 000 元,按 5% 的年利率零存整取存款一年,到期后利息是:

6 000 元 ×(0.05÷12)× [12×(12+1)÷2] = 1 950 元。

此外,还有一种简单的应用复利的计算方法,被称为"72 定律",这个计算方法可以用下面的公式表示:

本金增长 2 倍所需时间(年)= 72÷年复利收益率(%)

例如,按 4% 的年复利收益率投资 6 万元,到收益增长为本金的 2 倍即 12 万元需要 18 年的时间(= 72÷4)。如果可以按 7.2% 的年复利收益率投资,会比这个时间更短,即 10 年(= 72÷7.2)。应用上面的公式,表示为:

本金增长 2 倍所需年复利收益率（%）= 72 ÷ 时间（年）

例如，想把 6 万元在 5 年后变成 12 万元，就要按 14.4% 的年复利收益率（=72÷5）进行投资。虽然这只是一个简单的公式，却对建立投资计划或预测投资结果非常有帮助。但是"72 定律"只适用于一次性投资，并不适用于每月追加式投资。

> 除了"72 定律"，投资者还可以使用"115 法则"估算自己的投资收益：资产翻 3 倍的时间 = 115 ÷（利息率 × 100）。

一说到复利投资，人们就会理解成投资复利式金融产品，其实应该从投资行为本身去理解。

例如，定期存款一年，到期后将产生的利息和本金再次定期存款一年，这种行为就是一种复利投资。如果到期后提取利息，再把本金定期存款一年，或提取本金的一半，再把剩余的钱定期存款一年，这种行为并不是复利投资。

总的来说，把投资的本金和所产生的收益一起反复（或继续）投资的行为就是复利投资，这不仅适用于储蓄，也适用于股票、基金、房地产等投资对象。比如投资基金一年后，把本金和收益全部投资于房地产，或拿出一半继续投资基金，剩下的一半投资房地产，这种行为也是复利投资，只不过投资对象发生了变化。

除此之外，如果把通过这种方式积攒的钱全部用于创业，则是更广义的复利投资。

我在前面一直强调的"复利的魔法"，并不单指对复利式金融产品实施了魔法，也是指对不断复利投资的行为实施了魔法。请想一下，投资的主体是谁呢？是人。所以，你手里也同样握有魔法棒，关键在于作为魔法师的你要不要实施复利的魔法。

知识点

物价上涨率也是复利

假设每年的物价上涨率是 4%，今年 6 元一包的方便面明年会变成 6.24 元，后年就会变成 6.49 元。当你读这本书的时候，金钱的价值也会以复利的方式减少。

比如今天，你还可以用 6 元买到一包方便面；到了明年，你可能很难再用 6 元钱买到一包方便面。这是因为经过一年，钱的价值会减少。又比如，有一套公寓，现在的售价是 120 万元，如果你想在 3 年后购买，那么只准备 120 万元是买不到这套公寓的，因为在这 3 年间，房价上涨的可能性非常大。

所以，在制订长期投资计划的时候，应该同时考虑收益率和物价上涨率。正因为这个原因，在低息时期，如果只投资收益率比较低的定期存款或零存整取，就可能会有所损失。因此，如果投资收益率与物价上涨率无法持平，那么投资和消费其实并没有什么不同。对于物价的变化和货币价值的变化，也可以用前面提到的"72定律"预测。

表1.4 物价的变化

当前物价/元	年物价上涨率/%	5年后物价/元	10年后物价/元	20年后物价/元	30年后物价/元
6	3	7	8	11	15
	4	7	9	13	19
	5	8	10	16	26

表1.5 货币价值的变化

当前价值/万元	年物价上涨率/%	5年后价值/万元	10年后价值/万元	20年后价值/万元	30年后价值/万元
60	3	52	45	33	25
	4	49	41	27	18
	5	47	37	23	14

物价上涨 2 倍所需时间(年)＝72÷其间的物价上涨率(%)

存款贬值一半时所需时间(年)＝72÷其间的物价上涨率(%)

假设每年的物价上涨率是 4%，18 年（＝72÷4）后物价会变成现在的 2 倍，存款的价值就会变成现在的一半。

用时间催化，让钱加速倍增

现在我们来谈一谈时间对于财富增长的意义。可以说："没有时间，复利就没有魔法。"

在财富形成的过程中，时间很重要，所以我在财富方程式中列出了时间的平方。其实，在这里所说的"时间"，也可以解释为"等待"。

> **长期投资是一种很好的投资方法，但在选择长期投资品种时必须慎之又慎。我们身边固然有不少人通过长期投资致富，但大多数人的财富状况在10年之后仍不见起色。**

现代人做事都比较浮躁，甚至有人投资基金，也像投资股票那样，总是在短期内买进卖出，一年内多次从这个基金换到那个基金。但事实上，并不是着急就能赚得更多更快。应该**在投资之前慎重选择，投资之后耐心等待**。

美国著名基金经理彼得·林奇在管理麦哲伦基金的13年间，创造了累积收益率2 700%、年均复利收益率28.9%的惊人成绩。但投资麦哲伦基金的人当中，有一半的人却损失严重。这是因为这些人都是在基金收益率高的时候投资，一旦看到收益率下跌，就把钱赎回。只有那些耐心等待的人，才能最终尝到"醇美的香槟"。

每年都有很多人到汝矣岛汉江岸边观看烟花大典。人们为了找到一个好位置，花几个小时在那里等待。烟花表演开始后，惊叹声四起，每个人都觉得自己是烟花魔法的主角。在那短暂的时刻，忘却了积累已久的疲劳与烦恼。但美丽的瞬间结束之后，剩下的只有火药味和垃圾，以及回家的漫漫长路。

复利的魔法没有烟花的魔法那么华丽，也不是提前几个小时到达，站在好位置就可以欣赏到的一场表演。复利的魔法只有秉持信念，一直耐心等待的人才可以看到，是在漫长的岁月中忍耐的结果。而且，复利的魔法一旦开始，就不会像烟花的魔法那样昙花一现，而是会长久地延续下去，甚至会延续到下一代。那些白手起家、令人羡慕不已的有钱人们，在过去贫穷的日子里，也曾迫切地渴望财富，于是拼命地储蓄和投资，最终，他们都见证了复利的魔法。

也许你会想：成为有钱人竟然需要 10 年、20 年的时间，是不是太长了？不过，如果能够稍微调整一下视角，你可能就会得出不一样的结论。

我常常不愿相信自己离 40 岁越来越近了。坐在爸爸怀里看电视；大学的第一堂课；从部队退役的第一天；听到妻子怀孕的消息后，开心地给亲戚朋友们打电话……这一切都好像是昨天刚刚发生的事情，但事实上，我已经是个将近 40 岁的人了。回首往事，岁月如梭。再过 10 年、20 年，我一定还会有这样的感受吧。

时间对每个人都很公平，它不会因任何人而暂停脚步，永远只会向前走。有的人终有一天成了有钱人，而有的人一辈子贫穷。

人们感慨自己的命运，埋怨上天不公平，可我认为这并不是所谓的"人各有命"，而在于每个人的选择。我相信，只要努力，借助储蓄和投资，任何人都能够拥有比现在更多的钱。所以，只要你常常思考怎样有效地投资，主动学习怎样理财，并学以致用，那么，剩下的问题就交给时间去解决吧。

现在，我们一起试着解"财富方程式"，可以简单理解成："**要想成为有钱人，就要满怀希望地、坚持不懈地进行复利投资。**"假设每年存 6 万元，并且不使用这笔钱，以 7% 的税后年收益率不断地复利投资，那么 20 年后就会获得 264 万元，30 年后就会获得 600 万元以上。如果能够以更高的收益率投资，就会拥有更多的财富。

如果第一年存 6 万元，从第二年起，比前一年增加 5% 的储蓄额，那么 20 年后就会获得 390 万元，30 年后就会获得 1 056 余万元。

"你每年能存多少钱？""每年你的储蓄额能否增长？"通过答案，可以判断出你到底有多么迫切地期盼成为有钱人。

如果没有迫切感就不会充分储蓄，就找不到合适的投资方法，也就无法耐心地等待。我并不是说每年储蓄 6 万元以上就是有迫切感，而储蓄 3 万元就不是。每年到底储蓄多少，要根据自身的条件决定。而到底存多少最合适，只有自己能找到最佳答案。

表 1.6 投资 6 万元后的投资收益表

年储蓄额/元	储蓄额同比增长率/% (迫切程度)	税后收益率（年复利）/% (复利投资)	时间 (10年/元)	时间 (20年/元)	时间 (30年/元)
60 000	0	7	886 980	2 631 900	6 064 380
	5		1 085 760	3 904 560	10 561 860

成为有钱人的第一步：确立你的"小目标"

你想成为有钱人吗？那就请你确立明确的目标。听了这话，也许很多人会反问：这一点再明白不过了，谁不知道？你说得没错，

第1章 普通薪水赚大钱,其实也不难

我一直都认为世人都明白的道理才是真理。现在,我提两个问题:

你认为拥有多少钱才算是有钱人呢?

你认为有一天你会成为一个符合自己标准的有钱人吗?

第一个是目标问题,第二个是可行性问题。财富目标要建立在自身实际情况的基础上,而没有可行性或可行性很小的都不是目标。

很多人常常把梦想和目标混淆。如果你希望自己能够成为比尔·盖茨那样的世界级富豪,而且这种梦想非常迫切,那你就应该采取积极的行动。

但这并不是一个现实的目标。**目标是经过计算并且具有极大可行性的**。例如,根据你目前的收支情况分析,每年可存金额最多有6万元,要用3年的时间准备18万元以上的本金,这是一个目标;根据过去的收益率情况分析,每个月用6 000元投资年均复利收益率10%的股票型基金,用3年的时间准备24万元,这也是一个目标。确定经过计算的财富目标然后再一一实现,就是在一步一步地向梦想迈进。梦想可以很大,但目标一定要现实。

"经过计算的财富目标"可以是60万元,也可以是6 000万元。由于每个人的生活环境、生活条件都不一样,实际上并不存

在绝对的标准。每个人都应该根据自身的实际情况决定自己的目标，没有必要和别人比较。

> 同一笔资金，不同的投资方式，不同的回报率，30年后的收益将天差地别。因此，你可以先想想自己30年后需要多少钱，再倒推出现在应该采用哪种投资方式，或必须达到怎样的投资回报率。

在这里，我介绍一种能够帮助你明确"经过计算的财富目标"的方法。

第一，你要掌握自己目前的财产状态。请填写下面的资产－负债状况表（表 1.7），不用细分金融资产、房地产等种类，只需计算出你目前拥有的资产和负债共有多少，再计算出减去负债后的净资产金额。

用表 1.7 计算出的净资产金额乘以表 1.8 中每个单元格列出的系数。

假设表 1.7 计算的净资产按年复利收益率 4% 或 7% 增长，这个过程中的预测金额如表 1.8 所示。

例如，现在所拥有的净资产是 120 万元，如果每年按 7% 的年复利收益率增长，20 年后就会拥有约 464.4 万元。

表1.7 资产-负债状况表

(单位:万元)

资产	180
负债	60
净资产(=资产-负债)	120

表1.8 税后收益率预测表

税后收益率 (年复利)/%	10年/元	20年/元	30年/元
4	1 200 000 × 1.48 = 177 600	1 200 000 × 2.19 =2 628 000	1 200 000 × 3.24 =3 888 000
7	1 200 000 × 1.97 =2 364 000	1 200 000 × 3.87 =4 644 000	1 200 000 × 7.61 =9 132 000

第二,你要掌握平均收支状况。请填写以下收入-支出状况表(表1.9),并计算每月可存金额和每年可存金额。

用表1.9计算出的每年可存金额乘以表1.10中每个单元格表示的系数。假设每年按年复利收益率4%或7%投资,对照表1.9,计算出每年可存金额,则预测金额如表1.10所示。

将表1.9和表1.10的计算结果相加,就是你在未来可能拥有的财富总额。

表1.9 收入-支出状况表

(单位:元)

月收入	18 000
月支出	12 000
每月可存金额(=月收入-月支出)	6 000
每年可存金额(=每月可存金额×12)	72 000

表1.10 税后收益率预测表

税后收益率 (年复利)/%	10年/元	20年/元	30年/元
4	72 000×12.49 =899 280	72 000×30.97 =2 229 840	72 000×58.33 =4 199 760
7	72 000×14.78 =1 064 160	72 000×43.87 =3 158 640	72 000×101.07 =7 277 040

继续上文的例子。假如每年的可存金额是7.2万元,按照年复利收益率7%,每年投资同样多的金额,20年后就会拥有约315.6万元。因此,20年后能获得的金额大约是780万元(=464.4万元+315.6万元)。

当然,20年后的最终数目不可能和上面计算的结果完全一致。因为每年的收益率、储蓄金额可能和案例中假设的有所不同,并且还会受到其他因素的影响。但即使是这样,这种预测方法还是非常有用的。

假如你一直保持我们刚刚计算出的储蓄水平以及 7% 的年均复利收益率,20 年后,你就会拥有大约 780 万元。因此,你就可以确定 20 年后的财富目标,即至少拥有 780 万元。如果你想确定自己 5 年或 10 年后的财富目标,那么你也可以采用和上面相同的计算方法来计算。

你想在 20 年后拥有比 780 万元更多的钱吗?那至少要能解决下面两个问题中的其中一个:

先存够比目前还要多的钱,然后再进行复利投资。

按 7% 以上的年收益率进行复利投资。

为了实现你的财富梦想,你必须采取必要的行动,设定合理的盈亏点,果断买入或卖出。要知道,树是不会长到天上去的,人也必须时刻清楚自己的位置,知道自己要去往何处。

如果你决定存够比目前还要多的钱,就要找出能够增加收入或减少支出的方法。如果你决定以更高一点的收益率投资,就要增加股票（基金）的投资比重或投资其他收益率更高的商品。像这样，"经过计算的财富目标"不仅能够让你向自己提出问题，在解决这个问题的过程中还会让你不断地思考，并主动学习理财，从而一步一步靠近梦想。

预测一下未来我们可能拥有的财产

表 1.11　资产 – 负债状况表

（单位：元）

资产	
负债	
净资产（＝资产－负债）	

表 1.12　税后收益率

税后收益率（年复利）/%	10年/元	20年/元	30年/元
4	×1.48=	×2.19=	×3.24=
7	×1.97=	×3.87=	×7.61=

表 1.13　收入 – 支出现状表

（单位：元）

月收入	
月支出	
每月可存金额（＝月收入－月支出）	
每年可存金额（＝每月可存金额×12）	

表1.14　收入税后收益率

税后收益率（年复利）/%	10年/元	20年/元	30年/元
4	×12.49=	×30.97=	×58.33=
7	×14.78=	×43.87=	×101.07=

表1.15　不同投资收益率的未来价值系数

税后收益率（年复利）	投资方法	未来价值	系数			
			5年	10年	20年	30年
4%	一次性	初始金额×系数	1.21	1.48	2.19	3.24
	追加式（定额）	第一年累积金×系数	5.63	12.49	30.97	58.33
	追加式（增额，年增长5%）	第一年累积金×系数	6.20	15.46	48.07	112.17
5%	一次性	初始金额×系数	1.27	1.63	2.65	4.32
	追加式（定额）	第一年累积金×系数	5.80	13.21	34.72	69.76
	追加式（增额，年增长5%）	第一年累积金×系数	6.38	16.29	53.07	129.66
7%	一次性	初始金额×系数	1.40	1.97	3.87	7.61
	追加式（定额）	第一年累积金×系数	6.15	14.78	43.87	101.07
	追加式（增额，年增长5%）	第一年累积金×系数	6.76	18.10	65.08	176.03
10%	一次性	初始金额×系数	1.61	2.59	6.73	17.45
	追加式（定额）	第一年累积金×系数	6.72	17.53	63.00	180.94
	追加式（增额，年增长5%）	第一年累积金×系数	7.35	21.23	89.63	288.80

表 1.16 不同物价上涨率的未来价值系数

物价上涨率	指标	未来价值	系数			
			5年后	10年后	20年后	30年后
3%	物价	初始金额×系数	1.16	1.34	1.81	2.43
	钱的价值	初始金额×系数	0.86	0.74	0.55	0.41
4%	物价	初始金额×系数	1.22	1.48	2.19	3.24
	钱的价值	初始金额×系数	0.82	0.68	0.46	0.31
5%	物价	初始金额×系数	1.28	1.63	2.65	4.32
	钱的价值	初始金额×系数	0.78	0.61	0.38	0.23

财智观

理财要从储蓄开始

小凯出生在农村,家境贫穷。大学一毕业他就进了深圳一家外贸公司工作。实习期收入不高,吃喝玩乐的开销却不少,但他还是在工作的第二个月就到银行存了一笔1 000元的3个月定期存款。这立即引来了身边同龄人的惊呼:"你现在就存定期啦!"他的行为确实和身边的"月光族"们不同。但他仍然坚持储蓄,并且在小有积蓄后开始购买一些理财产品。三年后,他完全凭个人的能力付了房款的首付。

不知哪位大师说过:"理财要从储蓄开始。"储蓄是理财的第一步,没钱当然没财打理。而小凯的理财轨迹暗合了这样的规律。靠储蓄我们不能成为有钱人,但没有储蓄的习惯更加成不了有钱人。我们想要成为有钱人是因为金钱会带给我们力量和权力,改变我们和亲人、朋友的关系,改变我们的生活方式和改善生活水平。

虽然，生活中的幸福并不都是来自金钱，但财务的窘迫、投资的失败及生活中不可知的意外事件，一定会深深影响我们的独立、自由和尊严。因此，对财务理性的心态，能帮助我们用智慧协调家庭、爱情和友情的关系，理解新经济的游戏规则，解读令人眼花缭乱的投资市场和投资工具，减少因为无知而支付的生活成本，同时还会给我们足够的心情去感知幸福、享受生活，并发挥我们的能力以及对他人付出爱。

第 2 章

有钱人一直在做的三件事

"持久收入假说"告诉我们：消费支出主要不是由现期收入决定的，而是由持久收入决定的。因此，只有管理好自己当前的财务资源，处理好短期支出与长期支出的关系，才能达到财务平衡。

4개의 통장

——— 约翰·博格 ———

指数基金教父，美国共同基金公司领航投资（The Vanguard Group）创办者，
世界上第一只指数型基金 Vanguard 500 Index Fund 的发行人。
畅销书《投资稳赚》作者。

4 개의 통장 Four Bank Accounts

一旦你领悟到金融市场的机理，

你就会发现，

要获得属于你的那份收成，

指数基金是最好的投资方式，

而且在神奇的复利面前，

这些与日俱增的收益永远也不会让你感到惊讶。

第 2 章　有钱人一直在做的三件事

每天几分钟,迅速了解你的收支情况

理财的首要目的是最大限度地积攒钱,最终目的是成为有钱人。所以,想要成为有钱人首先应该充分储蓄,再用这笔钱投资优质的金融产品。当然,这并不是说,只要这么做任何人都能成为有钱人,但可以确定的是,如果没有理财的好习惯,成为有钱人只会是南柯一梦。

你想存更多的钱吗?那就增加收入或减少支出吧。也就是说,如果要保证目前的消费水平,就要增加收入;如果无法增加收入,就要减少支出。除此之外,别无他法。但增加收入并不是一件容易的事,也很难根据个人意志改变,因此,相对容易的方法就是减少支出,这才是上策。也许有人会说,减少支出也很困难。但据我了解,除特殊情况外,**一般人不能充分存钱的主要原因就是**

不清楚自己的月收入支出了多少，剩下多少。因此，只有弄清这个问题，才能积攒更多的钱。

父母总是很想知道孩子最近在学校学了什么，和同学相处得怎么样。如果听到有人欺负自己的孩子，就会更加用心保护孩子。我认为对待一分一分辛苦赚来的血汗钱，也要像对待自己的孩子一样，给予更多的关心。因为金钱是保持眼前生活、实现未来梦想不可或缺的物质基础。

> 理财是一种生活方式，也是一种内心的修行，因此，你要善待自己的钱。很多人挣钱时很辛苦，投资时却很随意。而财务决策中的任何一个失误，都可能会让你所有的努力付诸东流。

正是基于这种观点，我非常关心自己的支出情况，比如，什么地方支出了多少，有没有不必要的支出，为了实现梦想，能够拿出多少来投资，等等。但我不会因此每天记账或用计算器整理发票，也反对这种做法。我从来不记账，每次拿到发票时，确认金额后就会撕掉。我和其他人一样，每天的生活都很丰富，不可能把所有的精力集中在钱的问题上，而且我从来不认为钱是人生的全部，如果被钱所约束的话，我的人生就不再是我的，而是钱的。

为此，我设计了一个理财系统。这个系统可以清楚地显示我每个月收入了多少、支出了多少、剩下多少。不仅如此，如果这个月的储蓄比上个月少，我也可以很容易找出原因。通过这个系统，我彻底掌握了自己的收支情况。而且，我每个月用于理财的时间也不过是一两个小时，即使不能做到事无巨细，系统依然能有序地运转。

每个人都有自己独特的理财方法，就算不理财也是一种方法。所以，我并不认为只有我自己的方法好。只要能够充分储蓄，能够让资产增长，就是好的理财方法。

如果你按自己的方法理财，却对结果不满意，那就有必要更换方法。如果不换方法而只希望得到更好的结果，那就是一种幻想。如果你正在为不懂理财方法而苦恼，那可以借鉴一下我在第 3 章中介绍的理财系统。这个系统很简单，只要能够理解下面的理财原则和几种金融产品，任何人都可以轻松地应用。

理财三步走：储蓄、预留、再投资

你下过象棋吗？如果你是一位象棋高手，绝对不会一开始就发起攻击，而是会先做好防御准备，铺好路后再开始全面攻击。其实，理财也是同样的道理。如果把投资比喻成攻击，那你应该在做好充分防御后再攻击。如果一开始就派小兵攻击，只会增加

失败的概率。如果你想有效地理财,请掌握以下三步:

控制好支出并充分储蓄。(支出储蓄管理)

预留备用资金。(备用资金管理)

长期投资。(投资管理)

我称这三点为"理财三步走"。

"控制好支出并充分储蓄"就是要分清楚必要的支出和不必要的支出,以免浪费。这并不是说要无条件地节省、不花钱,而是要养成每月定额消费的习惯,这对充分储蓄有很大帮助。

"预留备用资金"就是要预留一部分非常资金,以防不测。如果在没有备用资金的情况下投资,万一发生意想不到的事情而需要支出一大笔钱,就会影响投资计划。

"长期投资"就是要不断地进行复利投资。理财的最终目的是成为有钱人,而想成为有钱人一定要不断地复利投资,我在前面一直强调这一点。控制好支出并充分储蓄、预留备用资金,都是为了能够成功地长期投资,最终成为有钱人。

如果用更简单的语言概括"理财三步走",就是"储蓄、预留、再投资"。如果能深刻理解并切实实践这个简单的原则,将对理财十分有益。

第 2 章 有钱人一直在做的三件事

知识点

储蓄与投资

一般人都认为能够保本的银行定期存款、零存整取存款等属于储蓄，而有风险的股票、基金等属于投资。这本书中所讲的"储蓄"是指收入中减去支出后剩下的钱，即不区分定期存款、零存整取存款、股票、基金、房地产等，而凡能够带来财富的行为都定义为"投资"。

捂紧你的钱包：减少不必要的支出

支出管理的目的是有计划地支出，进而实现充分储蓄。这有助于你把每个月的支出控制在一定金额内，减少不必要的支出，培养良好的储蓄习惯。

想要有计划地支出就需要事先预测每月或每年的必要支出是多少。据我的经验，这对于大部分上班族并不是什么难事，而对于那些自由职业者而言，预测事业方面的支出有些困难，但可以预测家庭的支出。

每月支出的钱，根据性质可以分为公共支出、固定支出、变动支出等。每年只需支出 1 ~ 2 次的支出，归为季节性支出（见表 2.1）。

公共支出包括所得税、社会保险费、医疗保险费等。如果是上班族，每月在发工资之前，这些支出由公司按政府规定的比例代扣，所以很容易预测每个月支出多少。如果是自由职业者，除了所得税不好预测外，社会保险费和医疗保险费还是可以推算的。

表 2.1　支出的区分

公共支出	所得税等	所得税、社会保险费、医疗保险费、劳动保险费等
固定支出	负债偿还利息	住房贷款偿还利息、汽车贷款偿还利息、信用贷款偿还利息等
	住房相关支出	物业管理费、租金（租房费）、水费、天然气费、电费、通信费（有线电话、网络）等
	子女相关支出	幼儿园费、补习班费等
	保障性保险费	终身保险、定期保险、医疗保险等
变动支出	家庭生活支出	菜钱、偶尔外出吃饭的费用、休闲费、服装费、医疗费、子女零花钱、手机费、车油费、大众交通费等
	社会生活支出	社交费、零花钱、聚餐费、红白喜事费用
季节性支出	财产税等	财产税、汽车税、汽车保险费、过节费、休假费等

固定支出是指贷款利息、公寓管理费、各种公共费用、保障性保险费等。这是每月（或定期）必须在指定的日子以转账方式（或代缴方式）交纳的费用。这个费用基本没有什么变化，所以也很容易预测固定期限内的支出是多少。

第 2 章 有钱人一直在做的三件事

变动支出是指日常饮食开销、偶尔外出吃饭的费用、服装费、交通费、娱乐费用等。这些主要用于日常生活的支出，与公共支出或固定支出不同，根据每月的开销情况，变动的幅度会大一些。但是，根据个人的消费倾向或生活环境可以很容易预测每月所需的支出。换句话说，这项支出可以根据个人的意志稍作调整。

季节性支出是指财产税、汽车保险费、过节费、休假费等。这项支出一年内只需支出 1~2 次，所以也很容易预测需要支出多少。而且，像过节费、休假费等费用还可以根据本人的意志稍作调整。

现在，我们可以先计算公共支出、固定支出、季节性支出，再计算变动支出，并以此预测每月或每年的必要支出。通常，一个人的支出水平在短期内不会有大幅度的变化，所以预测支出的计算每年只做 1~2 次就可以了。

为了更好地控制支出，首先要区分出可调整的支出和不可调整的支出。所得税、社会保险费等公共支出在每月发工资前由公司代扣，所以是不可调整的支出。属于固定支出的费用本身也不容易调整，所以最终可调整的支出只有变动支出，即生活费的部分。我所说的"节约"也是指要节省生活费，而不是说要少交医疗保险费或不交子女上补习班的费用。**如果每月的变动支出也能像固定支出那样保持一定金额，没有太大的变化，自然就会形成每月**

定额消费的习惯。但如果每个月的变动支出虽然能保持定额却处于过高的水平,则对"充分储蓄"的支出管理毫无意义,所以重要的是保持适当的支出水平。

从另外一个角度看,我们**可以把控制支出理解为控制自己**。控制自己的方法是很难通过别人的帮助学到的。所以,我从来不会对别人说诸如"如果戒烟,每个月可以省多少钱""喝自动贩卖机上的咖啡比喝外卖咖啡省多少钱"的话。我会劝人们每月规定一定金额,再试着过定额消费的生活。最重要的不是想想,而是行动起来。MBC 有一个节目叫《60 元的幸福》,要求参加节目的演员们试着用 60 元生活一个星期。其实,这是非常有效的控制消费的方法。

控制支出是一种必要的理财手段。通过减少不必要的消费,我们会有更多的钱用来投资。不过,如果为了减少开支而让自己的生活捉襟见肘,那就背离了投资理财的初心。

控制支出的具体实施方法如下:

首先,仔细查看近 3 个月的变动支出明细,再计算出月

第 2 章 有钱人一直在做的三件事

平均支出金额。其中，如有不属于日常支出范畴的（例如，上个月的医疗费突然增加了或这个月因为修车花掉了比平时更多的钱），就从上面的计算中减去。

其次，把计算出的金额的 90% 存到一张固定的借记卡上，作为一个月的生活费。

最后，所有的支出都用这张借记卡结算，实时管理余额，即使是需要提取现金时也只从这张卡中提取。在实施的过程中，要注意不要和其他卡混淆。如果是已婚者，夫妻双方各备一卡，各自进行。

这个实验的第一目标是只用平时支出的 90% 生活一个月，第二目标是尽可能不要把这笔钱全部花光，而要剩下一部分钱。这样的话，你在消费的时候就会想一想银行卡上还剩多少。如果还没到半个月，而钱已花掉大半，那么想用剩下的钱坚持到月末就会有困难。于是，你再花钱的时候，就会考虑这是不是必要的支出。如果是的话，可不可以减少或推迟等。

假如真的用剩下的钱坚持到了月末，说明在整个消费的过程中，自我控制的暗示发挥了比想象中更大的力量。如果用平时支出的 90% 生活一个月没有什么太大的困难，说明下个月可以用更少的钱生活。如果真的很努力了，但钱还是不够用的话，就要对自己宽容一点。这个实验的目的不是约束自己,而是规定一个适当的支出标准,养成每月定额消费的习惯。

> 开支减少,结余就会增多,我们也就能更好地进行自我投资、提升自身技能,从而提高自己的收入。这样我们就有更多的钱可以用于自我投资。这就形成了一个良性的个人财富循环。

很多人听取了我的建议后,尝试着去做。结果,一个月后大部分人都有了结余。有的人对自己的控制能力感到非常惊讶,有的人意识到每个月的开销比自己想象中多得多。无论怎么样,结论只有一个,那就是这个实验对控制自身的消费行为很有帮助。刚开始,你可能会有压力,但一旦习惯之后,这种压力就会慢慢消失了。

适合支出管理的金融产品最重要的特点就是便利性与流动性。便利性是指方便用于多种目的。流动性是指容易变现或提取。例如,银行的储蓄存款或证券公司的现金管理账户(cash management account,CMA,是一种在交易对象、存款金额、存款期限、存取款次数等方面没有限制,可以随时自由存取的金融产品,类似于银行的普通存款或储蓄存款。——译者注)等。

第 2 章 有钱人一直在做的三件事

表 2.2 家庭每月支出金额

年　　月　　支出现状

区分			本人	配偶	小计
公共支出	公共支出	所得税			
		社会保险费			
		医疗保险费			
		劳动保险费			
		其他			
	每月公共支出总计				
固定支出	负债偿还本金	住房贷款偿还利息			
		信用贷款偿还利息			
		其他			
	负债偿还利息总计				
	住房相关支出	租金（房租等）			
		管理费			
		公用费用（水费、天然气费等）			
		通信费（有线、网络等）			
		其他			
	住房相关支出总计				
	子女相关支出	教育费（补习班、游乐园等）			
		其他			
	子女相关支出总计				
	保障性保险费	保障性保险费			
		其他			
	保障性保险费总计				
	每月固定支出总计				

续表

区分			本人	配偶	小计
变动支出	家庭生活支出	菜钱			
		外出吃饭的钱			
		休闲费			
		服装费			
		医疗费			
		通信费（手机）			
		子女零花钱			
		车油费			
		交通费			
		其他			
	家庭生活支出总计				
	社会生活支出	社交费			
		零花钱			
		聚餐费			
		红白喜事费用			
		其他			
	社会生活支出总计				
	每月变动支出总计				
	每月总支出 （=固定支出总计+变动支出总计）				
季节性支出	每年支出	财产税等			
		汽车税等			
		汽车保险费等			
		过节费			
		其他			
	每月季节性支出总计				

我之所以建议你使用借记卡，是因为结算金额能实时体现在账户余额中。这种结算方式比推迟一个月结算的信用卡更有助于形成定额消费的习惯，而且还可以通过打印明细或网上银行确认每笔消费金额发生的时间。

CMA

CMA 原本只是综金社（韩国非银行金融机构，部分由大企业集团开办。——译者注）的固有商品，但现在大部分证券公司也都在销售。

CMA 根据运营方式的不同，大致可以分为综合型、MMF 型、RP 型及其他类型。

综金型 CMA，顾名思义，指的是综金社销售的 CMA，接管综金社的几家证券公司也在销售。主要用于投资优秀债券或企业期票（commercial paper，CP）等。

大部分证券公司销售的 CMA 是 MMF（money market fund，货币市场基金，可以随时存取，如债券、CP、通知存款等。——译者注）型或 RP（repurchase agreement，有条件的回购债券，以回购金融公司保有的债券为条件销售的债券。——译者注）型。

守住你的钱包：留足 3 个月的生活费

俗话说，"人有旦夕祸福"。世事难料，备用资金管理的目的就是防备某一天发生突发事件而急需支出一大笔钱。

比如，突然身患重病或发生事故需要支付一大笔医疗费、由于失业等原因暂时没有收入或收入减少等，都是无法预料的事情。要应对这样的情况，就需要预留备用资金。

预留备用资金

据我的顾问经验，很多人对备用资金并没有概念，也从来不预留备用资金。他们要么把钱全部投资到储蓄或基金，要么把钱存放在工资卡里。也许你会问：预留备用资金为什么这么重要呢？我们通过下面的案例一起来分析一下原因吧。

金某的零存整取存款刚刚到期，拿到了一笔数目可观的现金。他想用这笔钱投资基金，特来向我咨询。金某每个月拿出一部分钱零存整取，等到期后把钱提取出来转成定期存款和免税长期零存整取（长期住房准备金储蓄）存款、免税年金保险等。看得出来，他是一个非常重视储蓄的人，但从

第 2 章　有钱人一直在做的三件事

不预留备用资金。于是,我建议他拿出一部分钱作为备用资金,再把剩下的钱投资到定期存款和股票型基金。金某接受了我的建议。5个月后,他的父亲在冰面上摔倒了,有脑出血的迹象,伤重住院。幸亏金某保留了备用资金,从而能够及时支付医疗费。

如果当时金某没有预留备用资金,为了准备住院费就要撤回一部分投资。不过,问题并不只是撤回部分投资那么简单。更重要的是,提前提取零存整取存款或定期存款会损失利息;提前中止保险可能连本金都无法收回;在价格下跌时仓促决定卖出股票型基金可能错过未来的好行情。面对这些状况的时候,**损失利息或本金已不算是大问题,真正的大问题是打乱了投资计划,把钱用到了与最初的投资目标无关的地方。**

我们再想象一下暂时性收入减少的情况吧。遇到这种情况,虽然收入中断了,但支出不会中断,也不可能突然降低一贯的支出水平。贷款利息、公寓管理费等要照常交,而且子女的补习班费、保障性保险费、日常饮食、交通费等都是不得不支出的费用。这时,备用资金就为解决这些暂时性危机发挥了巨大作用。

除此之外,不得不比平时支出更多钱的情况,如汽车保险费或休假费等季节性支出也可以使用备用资金。

既然备用资金这么重要，那么要预留多少才算合理呢？这个问题的答案因人而异，一般我建议预留月平均支出金额（固定支出＋变动支出）的3倍以上。这样，即使收入立即中断，你也可以按当前的支出水平维持3个月以上。还有一个好方法是根据情况预留6 000元或1.8万元的定额备用资金。

想要预备好充足的备用资金，可以从每月储蓄中拿出一部分钱，一点点累积到目标金额；如果目前手上正好有一大笔钱，可以从中拿出一部分一次性达到目标。在此，我想建议你在确保备用资金后再尝试其他投资形式。如果你在没有预留备用资金的情况下，已经进行其他投资了，那么也没有必要中止投资，只需要从现在开始，每月累积一点，慢慢积累到足额的备用资金就可以了。**如果动用了备用资金，一定要尽快补上支出的部分。**这一点比一次性预留大量备用资金更重要，因为谁都不知道意外什么时候会发生。

聪明的农夫即使确信这一年一定会丰收，也会在水池里蓄水以防干旱。很多人明明知道计划没有变化快，却只关注眼前的急事。**人生具有不确定性，理财最大的敌人也是不确定性，所以要时刻做好准备。**

适合备用资金管理的金融产品所要具备的最重要的特点就是流动性，所以我建议选择可以随时存取，而且损失本金的可能性较低的 MMF 或 CMA。备用资金需要保持一定金额,所以没有多少利息的银行储蓄存款或普通存款并不是很适合;而且,由于不知道什么时候会用到这笔钱,因此像股票型基金这样可能会损失本金的理财产品也不适合。

参加保障性保险

即使预留了备用资金,也要参加保障性保险。保障性保险是指在发生死亡、疾病、伤害等事故的时候,能支付保险金的理财产品,是更广泛意义上的备用资金。针对早期死亡的保险有终身保险、定期保险等,针对疾病、伤害的保险有癌症保险、疾病保险、医疗保险等。

保险具有资产配置的功能。通过将人生高收入阶段中获得的资金配置在低保障账户和高储蓄投资账户,我们能够保全财产、延迟消费,从而降低风险。

参加保障性保险的时候,要优先考虑虽然发生概率低,但一旦发生就可能致命的早期死亡。比如具有劳动能力的,可以参加意外、重大疾病(癌症、脑出血、心肌梗死等)、重大伤害(诱发高度身体障碍的伤害等)等保险产品。因为这样的事情即使一生只发生一两次,也会给你的家庭带来严重的经济冲击。

同时,像住几天医院、痔疮手术、剖宫产……如果能够投下几千元的保险金,会有利于改善眼前的经济状况,也能在心灵上得到一点安慰。

几年前,我由于交通事故做了椎间盘手术,在医院住了1个多月。虽然那段时间很困难,但这件事情并没有对我和我的家人造成太大的影响(因为我参加了汽车保险,所以得到了医疗补偿费)。但如果我在那次事故中去世了或者高度残疾,那么我和我家人的生活将与之前完全不同。所以说,**参加保险最重要的目的不在于阻止意外事故的发生,而在于遇到危机时能得到最大限度的补偿。**

参加保障性保险需要支付一定的保险费。需要注意的是,要把这种保险当作遇到意外时能够替你支付所需费用的保证,而不是最后所得的本金和收益。如果你不能接受这一点,就没有必要参加保险,把这笔钱投资到其他用途上才是正确的选择。也许有人认为,和物价上涨率相比,10年、20年后,60万元的伤亡保险金算不上什么,但实际上,保险是为了防备不知道何时或者也许永远也不会发生的事故,而不是防备10年、20年后必然发生的事故。如果你不承认这一点,就不用浪费钱参加保险,而应该投资基金。为了保持保险金的价值(相对于物价上涨的货币价值)，也有人把一部分保险金投资到基金的变额保险（是在有最低保额保证下，投资风险由保户自行承担的一种保险商品），但这并没有改变保险的本质。

保险费的支付短则数年，长则数十年。过多的保险费会导致不能充分储蓄。就像不能因为害怕罪犯天天穿着铠甲过日子一样，为了防备事故而支付过多的保险费也不见得是好事。

如果只有本人参加保障性保险,可以用月平均收入的5%～7%购买。即使全家都参加，也不要超过月收入的10%（汽车保险费和房屋火灾保险费等除外）。双职工家庭中，如果妻子随时可能辞去工作成为全职主妇，就要根据丈夫的收入调整比例。否则，当双职工家庭变成单职工家庭后，常常会为了支付过多的保险费而感到头疼。

如果你觉得自己参加的保障性保险种类太多、支付的保险费过多，就有必要仔细挑出一部分，解除保险合同或降低保险额。但同时，可获得补偿的范围会变小，补偿金也会减少，你要能够接受这样的结果。还有，如果身体健康时已中断保险，日后当患上特殊疾病或正在接受治疗时再想重新参加保险的话，会比较困难。所以，在决定中止某种保险之前，有必要听取专家意见后再慎重决定。

参加保障性保险需要如实填写申购书中的内容，即履行"合同前告知义务"，主要是如实告知病史。

这并不是说有病史就不能参加保险。如果不是像癌症这种严重的病，而且已经痊愈，就不会影响参加保险。但是根据具体情况，保险公司会要求你到接受过治疗的医院取回病历记录或到保险公司指定的医院体检，而且还会附加"对过去病史的复发或因过去病史而发生的事故，保险公司不承担责任"等条件。站在你的立场看，这并不是一件令人愉快的事情，但是这种缜密的条款，能够最大程度避免因隐瞒病史参保而引起纠纷的后患。毕竟，一半左右的保险纠纷都和这一点有关。

> **不确定性波动带来的冲击会严重影响我们的生活。而保险是一种财务补偿制度、一种风险管理手段。通过保险规划，我们可以缓冲这种不确定性带来的冲击。**

如果经过这些程序后，保险公司仍拒绝你参保，也不要气馁，因为这可能是一件好事。反正最终也无法得到补偿，就没有必要白白支付保险费了。如果你所从事的工作或感兴趣的活动具有一定的危险性，就有必要在合同书上如实填写。如果不愿意参加保障性保险或者遭到保险公司拒绝，就需要预留更加充分

第 2 章　有钱人一直在做的三件事

的备用资金，以防意外的发生。

我们从电视、报纸中会看到状告保险公司的霸道行为或参保人恶意骗保的新闻，这时很多人就会动摇，开始思考是否要解除保险合同。这并不奇怪，因为我们从来没有在电视中看到过某个家庭因为有丈夫留下的死亡保险金而让妻子和子女重燃希望，继续坚强地生活，或某人被确诊为致命的疾病后因为有保险金而能够克服危机的案例。其实，在现实生活中，这种事情非常多。如果有人劝你不要参加保险或鼓励你解除保险合同，那你一定要认清这个人。要知道，如果有一天你发生了意外，他是不会对你和你的家人伸出援手的。

如果你是一家之主，我建议你一定要参加终身保险或定期保险。如果你已经参加了这种保险，就一定要坚持到成为有钱人，或子女成人后走入社会的那一天。这一切其实仅仅是为了家人。也有人说"我死了就一了百了"，但你有没有认真地想过，你的生命结束的那一瞬间，正是你活着的家人痛苦的开始。妻子要一个人解决生计和子女教育的问题，而这一切都离不开钱。

退一万步说，准备葬礼也需要钱。如果生前长期与病魔斗争，也需要一笔庞大的医药费，而这一切压力都留给了活着的人。如果你的年薪是 30 万元，你的家人相当于一瞬间损失了至少 600 万元的经济价值（把 600 万元按年利率 5% 定期存款，每年能得到

30万元的税前利息）和用钱无法衡量的无形价值。

你试着想象一下，如果有人从你那里抢走了最宝贵的东西和辛苦积攒的全部财产，你会怎么样？你可能会绝望。再试想一下，有人把你从家人手中抢走，你的家人该有多绝望？这种绝望是难以想象的。这时如果有一笔死亡保险金，虽然无法代替你，但至少可以成为妻子和子女的一线希望。

子女教育金与再教育费用是时间弹性和金额弹性最小的理财目标，因此更要预先规划，这样才不会因自己力有不逮而让子女放弃接受更好教育的梦想。

也有人反问，现在人的平均寿命是70多岁，在子女成人之前死亡的概率会有多大？我们暂且不论早期死亡概率的大小，其实我身边有不少人是在年轻的时候过世的。这些事情我很不愿意提起。

我爷爷是在我父亲读高三的时候过世的，那时我奶奶刚过40岁，还留下了5个子女。我伯父是20年前因交通事故过世的，留下了3个子女，那时伯母45岁左右。在我的高中同学中，我知道的就有3个人在20岁或30岁过世了，可能还有我不知道的。大学的一个学弟刚过20岁，就在服役时期因意外事故死亡；还有

第 2 章 有钱人一直在做的三件事

一个学弟刚过 30 岁,就因脑出血死亡。我刚参加工作时遇到的一位前辈在快 40 岁时,因癌症过世;还有一位前辈的姐夫在快 40 岁时,因高压电线爆炸事故死亡。近一年里又有两位同事过世,一位 50 岁左右,因脑出血过世;另一位是 35 岁左右,因癌症过世。

由于工作的缘故,我见过的人很多,这类案例至少可以列出 2 页以上,但不想在这里谈论过多。请看看你自己的周围,可能也会有不少令人难过的案例。

"不幸"不会区分好人和坏人、富人和穷人、年轻人和老年人。每个人都希望自己是例外,但我建议你还是不要心存侥幸。防备这种发生概率虽低却致命的意外就是保险的根本目的。

不仅如此,防备重大疾病或严重伤害也很重要,你不妨参加相关的保险。另外,发生这种事故一般会引起死亡或寿命缩短,你可以在参加终身保险或定期保险时,另外作一项特别约定。对于来咨询保险的人,我一般都是按下面的顺序提供意见的。

> 一家之主(家庭的主要经济来源)参加防备早期死亡的终身保险或定期保险后,如果有能力可以追加防备疾病或伤害的医疗保险等。妻子参加重大疾病保险或医疗保险后,如果有能力可以追加终身保险或定期保险等。子女参加儿童专用重大疾病保险或医疗保险等。

对于未婚者，也可按同样的顺序参加。

作为参考，下面简单地介绍一下我家参加保险的情况。我和妻子参加了防备早期死亡的终身保险，其中包括癌症在内的重大疾病和各种手术费及住院费的特别约定。我的女儿参加了儿童专用健康保险和儿童专用医疗保险。

保险商品的分类

保险商品从大的角度可以分为保障性保险和储蓄性保险。

保障性保险是为了防备早期死亡、疾病、伤害等事故的终身保险、变额终身保险、万能（universal）寿险、定期保险、癌症保险、疾病保险、医疗费保险、胎儿保险、儿童医疗保险等。

储蓄性保险是像零存整取存款或基金一样，在未来回收本金和收益的保险，比如储蓄保险、灵活终身保险、年金保险、变额年金保险、变额灵活终身保险等。

从投保人（签约人）的立场上分析，储蓄性保险的保险费一部分作为费用，剩下的部分在解除合同或到期时，和利息一起返还。

保障性保险的主要目的是在事故发生时支付保险金，所以保险费中费用所占的比例要比储蓄性保险高很多。因为投保人交纳的保险费比较低,所以有的缴纳费全部都用于费用支出。

减去费用后累积下来的保险费投资到基金的保险商品的名称上会加上"变额"的字样,累积下来的保险费可以在不解除合同的前提下提取(中途提取)的保险商品的名称上会加上"万能"的字样。最近不少保险商品即使不是万能保险也有提取功能。

终身保险和定期保险

终身保险和定期保险是人寿保险公司的固有商品,它们既有相似的地方,又有区别。这两种保险都是在投保人死亡时支付保险金。无论死因是什么,都会把约定的死亡保险金支付给保单受益者,但在保障期限和保险金额上有很大的差异。

按字面的意思,终身保险的保障期限是终身,所以无论早晚肯定会拿到死亡保险金(因为每个人都会死亡)。等年老后可以根据投保人的意愿终止保险,把解约后退回的资金转为年金,这样就可以在有生之年享受年金。而定期保险的保障期限是 10 年或 20 年等投保人签约时所约定的期限,到期之后不再享受保障。定期保险的保险金大部分用于费用,所以在解除合同或合同期满时退回的钱很少。

因此,定期保险的保费要比终身保险的保费低很多。例如,一个35岁的男人，在签保险合同时，签了60万元的死亡保险金，所要交的终身保险金一共是1 092元（分20年交），20年满期定期保险金一共是228元（分20年交）。因此，如果想获得终身保障就参加终身保险，如果并不希望获得终身保障或者不能负担高额保险费，就可以根据自己的劳动期限或子女成长期，参加20年满期或60岁满期的定期保险。

给付型保险和补偿型保险

想要防备疾病或伤害，可以参加疾病保险或医疗保险。这类的保险根据赔付方式，又可以分为给付型保险和补偿型保险。发生事故时，给付型保险与实际支出的医疗费无关，只按保险合同约定的金额进行给付；补偿型保险是以保险合同中约定的金额为最高限额，按实际负担的医疗费补偿全部或一部分。近来补偿型保险很受欢迎，反映也很好。以前在韩国，这种保险只在财产保险公司销售，但现在人寿保险公司也获得了可以以终身保险等特约形式销售的许可。

假如重复参加几家保险公司的给付型保险，那么发生事故时，可以从这几家保险公司获得补偿，但补偿型保险并不是这样。例如，如果同时参加A人寿保险公司和B人寿保险公司的定额给付住院费的给付型保险,如果住院了,从这两家保险公司都可以得到约定的住院费。但如果同时参加了 C 损害保险公司和 D 财产保险公司补偿医疗费的补偿型保险,就不能重复得到补偿。投保人实际支出的医疗费由两家保险公司分担补偿。

因此,重复参加补偿型保险是浪费保险费。如果重复参加补偿型保险,但同时签署了给付型保险的癌症特别约定、住院特别约定,那么这两个特别约定的部分将会得到全部补偿。但这样做还不如参加一个补偿型保险和一个给付型保险。

> **投资和理财其实并不是一回事。投资关注资金回报,基本特点是牺牲当前的利益以博取未来的收益;而理财则是通过管理财务规划以实现生活目标,核心是保持财富与生活目标之间的平衡。**

喂饱你的钱包:长期坚持复利投资

投资管理的目的是长期复利投资,积累财富。在这个过程中,最重要的就是**即使收益率很低也要坚持长期复利投资**。

有些人可能会不喜欢上面的说法,还有些人连 10% 的年收益率也会嫌低:"这么低的收益率,我什么时候才能成为有钱人?"

很多人都被高收益的假象所迷惑，却没有意识到，要使投资股票或基金的收益率和银行存款利率保持一致，并不如想象中容易。

假设把 60 万元一次性投资到股票型基金 5 年，其中有 4 年的年收益是 10%，另 1 年的年收益却是 -10%，5 年后会得到 19 万元的最终收益。这相当于年均复利收益率 5.67%，和最近 1 年定期存款的税后收益率相比，算不上很高（长期投资时，1% 的复利投资率差异也很重要，这在前面已有说明）。假如 5 年当中有 3 年的年收益是 10%，剩下 2 年的年收益却是 -10%，5 年后的最终收益不过是 46 860 元。这个收益还不及按最近银行利率连续 5 年反复投资 1 年定期存款所得收益的一半，是一个非常低的收益率。

表 2.3　一次性投资 60 万元且投资 5 年的情况（1）

	第1年	第2年	第3年	第4年	第5年	累积收益率（和本金比较）	年均收益率（年复利）
收益率	10.0%	10.0%	10.0%	-10.0%	10.0%	31.77%	5.67%
年末价值	660 000 元	726 000 元	798 600 元	718 740 元	790 620 元		

	第1年	第2年	第3年	第4年	第5年	累积收益率（和本金比较）	年均收益率（年复利）
收益率	10.0%	-10.0%	10.0%	-10.0%	10.0%	7.81%	1.52%
年末价值	660 000 元	594 000 元	653 400 元	588 060 元	646 860 元		

也许有人会觉得假设的 10% 年收益率太低，并不合理，那我们就假设年收益率为 20%。

从表 2.4 中可以看出，其结果并没有太大的变化。5 年当中 4 年的年收益是 20%，1 年的年收益是 -20% 时，最终能得到 10% 以上的年均复利收益率。但如果有 2 年的年收益是 -20%，其结果就会大不一样。

表 2.4　一次性投资 60 万元且投资 5 年的情况（2）

	第1年	第2年	第3年	第4年	第5年	累积收益率（和本金比较）	年均收益率（年复利）
收益率	20.0%	20.0%	20.0%	-20.0%	20.0%	65.89%	10.65%
年末价值	720 000 元	864 000 元	1 036 800 元	829 440 元	995 340 元		

	第1年	第2年	第3年	第4年	第5年	累积收益率（和本金比较）	年均收益率（年复利）
收益率	20.0%	-20.0%	20.0%	-20.0%	20.0%	10.59%	2.03%
年末价值	720 000 元	576 000 元	691 200 元	552 960 元	663 540 元		

世界上的大多数国家都曾发生过股市动荡，股票价格大幅波动，收益也随之变动。这种现象现在也经常发生。韩国的股市也经常发生动荡，尤其在 20 世纪 90 年代，股票价格变化幅度也很大。很多

人都说 2002 年以后，韩国的股市与从前有本质上的不同。这究竟是不是事实暂且不说，但股票价格不可能一点变化都没有。

表 2.5　韩国综合股票价格指数收益率（年初指数对比年末指数）

(%)

年份	1990	1991	1992	1993	1994	1995
收益率	23.5	-12.2	11.0	27.7	18.6	-14.1
年份	1996	1997	1998	1999	2000	2001
收益率	-26.2	-42.2	49.5	82.8	-50.9	-37.5
年份	2002	2003	2004	2005	2006	2007
收益率	-9.5	29.2	10.5	54.0	4.0	32.2

因此，你今年投资股票获得 20% 的收益，明年也许可能产生 -20% 以上的损失（如果你知道每年可以保证获得 20% 复利收益率的投资方法，那你很快就能成为世界首富）；今年投资中国的基金获得 50% 的收益，明年也许会亏损得更多。这种情况不仅出现在股票或基金上，也会发生在其他投资对象上，只不过情况有一些差异而已。

有钱人们非常清楚这一点，所以投资前和投资时都非常小心。他们格外注意投资风险，在银行、证券公司、保险公司等各种金

第 2 章 有钱人一直在做的三件事

融公司进行交易的过程中,非常认真地听取多位专家的意见,分析情报。有人说收入少或目前没有多少资产的人,应该选择高风险高收益的激进型投资,可以加快成为有钱人的步伐。尤其是年轻人更应该这样,但在我看来这是相互矛盾的。

虽然有少数有钱人集中投资特定的资产,或为了持有企业的经营权,而将大部分资产投资于股票,但大多数有钱人会将较少金额投资到股票或股票型基金,与此同时将更多的金额投资到房地产、债券、定期存款、免税年金保险、外汇、黄金等不同的对象上,以分散投资风险。他们的第一投资原则是"不亏损"。那普通人为什么不采取和有钱人一样的行为呢?如果拥有的资产很少,不是更应该小心投资吗?有钱人们在激进型投资时,即使亏损也不过是九牛一毛,但普通人则不一样,如果激进型投资失败,将会失去全部财产。因此,**普通人的第一投资原则更应该是"不亏损"。不亏损的投资并不是指单纯、保本的消极投资行为,而是指能够保持本金价值的投资**。这一点和物价上涨率有密切的联系。

假设你在 10 年前把 60 万元偷偷地藏在了衣柜里,虽然现在钱一分不少还在衣柜里,但其价值已经降低了。10 年前,用 60 万元还可以在首尔买一栋小公寓,但现在可能连租一间传贳房都有困难。从长远的角度看,保本的消极投资行为最终会导致亏损(这被称为通货膨胀危机)。所以**要想本金不贬值,至少要以和物价上**

涨率差不多的收益率不断地复利投资，即你投资后钱增加的价值至少要和上升的物价持平。

从2000年至2007年，韩国年均物价上涨率是3%（统计厅发布的消费者物价指数中的年均上升率）。因此，在这8年里，即使是在银行定期存款，也是一种不亏损的投资。因为在这一时期，1年定期存款税后收益率高于平均物价上涨率。但银行定期存款高利率时代已成过去，定期存款作为一种投资对象也丧失了不少吸引力，但毋庸置疑，它依然是一个不可忽视的投资对象。但是如果只投入不亏损投资，而得不到实质的收益，也是个问题。因为保本就是不亏损，本金的价值仅仅与物价上涨持平，勉强可以说保持了0%的收益率。

钱的价值是交换价值。比如，今天你有6元，可以交换一个面包，于是钱有价值。假设你今天忍住饥饿，把6元进行投资，1年后6元变成了12元。如果1年后面包的价格依然是6元，你可以买到2个面包，相当于钱的价值增长了1倍。但如果面包价格也涨到了12元，1年后和现在一样还是只能买1个面包，钱的价值并未发生改变。即表面上看起来是100%的收益率（名义收益率=100%），但因为面包价格也上涨了100%，所以实际上买1个面包后还是没有剩余（实际收益率=0），最终实际的投资收益率是0。因此，**只有在投资收益率比物价上涨率高时，才算获得了**

一定的实际收益率。投资者每年的期望投资收益率可以用下面的公式表示：

年期望收益率 =1 年定期存款税后收益率 + 风险补贴

定期存款税后收益率是不用承担本金损失等投资风险就可以得到的收益率（无风险收益率），风险补贴是承担本金损失等投资风险的代价（风险补偿率）。因此，只投资定期存款，就是不承担任何风险，不期望风险补贴；期望得到高风险补贴的人应该投资高风险的股票型基金等，正如人们常说的"高风险高收益"。

假设定期存款的投资风险为"0"，股票型基金的投资风险为"100"。想得到最大风险补贴的人应该把钱全部投资股票型基金；想得到中等程度收益率的人应该把一半的钱投资到定期存款、一半的钱投资到股票型基金；不想承担任何风险的人，就把钱全部投资到定期存款，也就是风险补贴为0。由于投资者能承受的投资风险程度不同，我们很难预测"1 年定期存款税后收益率 + 风险补贴"的年期望收益率具体是多少。即使承担同样的投资风险，每个投资者的期望值也会有所不同。

20 世纪七八十年代是韩国高利率时代，所以哪怕仅仅在银行进行定期存款或零存整取存款，都可以既保持本金的价值，又可以获得不少收益。因此，在那个时期没有必要为了得到风险补贴而承担投资风险。而现在韩国处于低利率时代，很多人都为投资烦恼。如果到了定期存款的收益率低于物价上涨率的超低利率时代，这种烦恼就会越来越多。所以，在低利率时代，即使需要承担一定的投资风险，也应该在银行的定期存款或零存整取存款之外，再寻找其他投资对象。

根据期限、目的，适用于投资管理的金融产品最重要的特点要么是稳定性，要么是高收益性。稳定性是指投资风险低，期望收益率和银行利率处于同等程度；高收益性是指投资风险高，但投资者能得到比银行利率更高的收益率。有关这方面的内容我会在第 5 章中进一步进行介绍。

财智观

为不确定的意外早做准备

理财之道,不外开源节流(《清史稿·英和传》)。古人很早就给了我们理财的智慧。

我认识一位潮州的老板娘,家里有三个漂亮的女儿,一家人过着富足优越的生活。随着家庭事业的发展,她的先生做起了房地产生意。遗憾的是,后来由于房地产生意失败,他们家破产了,生活一下变得异常艰辛。我的老板娘朋友常常因此责怪她的丈夫。可没想到的是,她的先生却反过来责问她:"你为什么不在生意好的时候多存点钱呢!"

如果这位潮州老板娘在家境好时注意理财,懂得在"开源"的同时进行"节流"的话,那么或许她先生在投资上的失败就不会让家庭陷入这样的困境。她可以给她的孩子和家庭购买一些保障性保险,也可以准备一笔备用金,还可以预留一笔再次投资的初始资金，这些举措都可以防止意外。但是现实生活中没有"如果"，总是充满了意外或者惊喜。我们自然都喜欢惊喜，但是必须要为那不确定的意外做好准备。

或许并不是每个人都有"开源"的机会，但是每个人都可以"节流"。在美国，有人做了一项调查，说70%的百万有钱人换过鞋底，由此得出结论，减少开支是成为有钱人的一种手段。所以，作为普通人的我们，更应该尽可能地减少不必要的开支。

不过，减少开支并不是一件容易的事。我们的身边总会看到这样的人：即使衣柜塞满了衣服，每次出去逛街还是会大包小包地买衣服回家；即使认为快餐食物既没营养又容易让人长胖，还是会三番五次光顾快餐店；即使知道某些东西可能永远都用不到，还是会不由自主地买回家当摆设。

我们花钱花得太随意，到月末时才惊讶地发现好像没买什么，可实际上钱已经花完了。或许，我们可以试着和朋友逛街不带钱包，吃饭只用现金付账，逛超市只带够买所需物品的钱。

第 3 章

自动化理财系统：
四个账户让钱生钱

理财是对自己的财务资源进行适当的管理以实现人生目标的过程。做好理财规划的关键一点是："明察眼前、预见未来。"因此，要根据自己生活的需求、人生的梦想来安排自己的财务开支。

4개의 통장

———— 肯·费雪 ————

成长股价值投资领域的权威大师、教父级投资大师菲利普·费雪之子、费雪投资公司创始人。
畅销书《费雪论股市获利》作者。

4 개의 통장 Four Bank Accounts

客观看待世界,

尽可能从不同的视角去认识它。

如果你对问题能看得比别人更清晰,

而且不会受限于迷惑了大多数投资者的

错误观点,

你就已经走在正确的道路上了。

第 3 章 自动化理财系统：四个账户让钱生钱

根据钱的用途，使用不同的账户来管理

将钱进行分类，并不是按其面值，而是按其用途。要设计适合你的理财系统，首先要划分钱的用途，再根据不同用途准备不同的账户。如果你还不明白，那么想一想家中的用水情况，你就会比较容易理解。

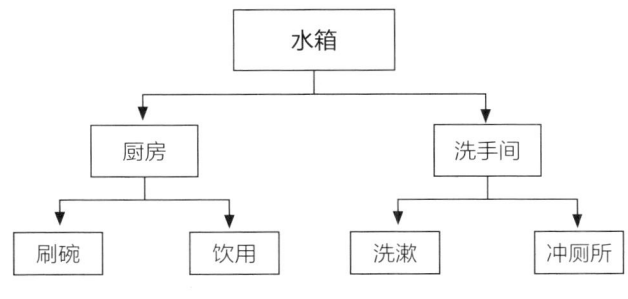

图 3.1 家庭用水情况

水箱里的水通过不同的管道流入厨房或洗手间。流入厨房的水只用于刷碗和饮用，流入洗手间的水只用于洗漱和冲厕所。表面上看起来都是水，但按各自的用途，在不同的空间各司其职。因此，如果家里只有一个自来水管和一个水龙头就会非常不方便。

我们的月收入就和水箱里的水一样。虽然都是同样的钱，但用途却不一样。所以，只用一个账户管理所有的支出和投资会非常麻烦。如果能够根据钱的用途使用不同的账户进行管理，就会方便得多。

现在，我们以第 2 章中讲述的"理财三步走"为基础，来划分钱的用途。从大的方面可以分为固定支出、变动支出、备用资金、投资四个用途。为了与这四个用途相对应，我们需要四个账户。有些上班族的公共支出在发工资之前已被扣除，所以这些公共支出不是管理的对象；如果是自由职业者，则可以把公共支出作为固定支出来管理。季节性支出可以和备用资金联系起来。

工资账户：用于领取工资以及固定支出管理。

消费账户：用于变动支出管理。

备用账户：用于备用资金管理。

投资账户：用于投资管理。

第 3 章　自动化理财系统：四个账户让钱生钱

需要说明一点，这四个账户不用特定的金融产品命名，而是用每个账户的用途命名。准备好四个账户后，再开通网上银行。如果你投资股票、基金或债券，相关的金融机构会给你一个账户，但这还不是我所说的"账户"，我这里所讲的"账户"是可以自由存取的账户。

"四个账户"理财系统：小白也能轻松理财

其实，理财的原理很简单。每月你只需把工资存入工资账户后，到月末（或特定的某一日）自动缴付各种固定支出，再把一定的金额作为下个月的生活费（变动支出）自动转账到消费账户，剩下的钱全部转账到投资账户。这样就可以非常清楚地知道每个月赚了多少，支出了多少，储蓄了多少。存入投资账户的钱，要先确保备用资金，再投资各种金融产品。这就是理财系统的基本形态。

来向我咨询的人，大部分都是从工资账户或一两个账户上，直接支付所有的支出或投资金融产品，根据钱的用途来理财的人极少。因此，除了记家庭账本或定期总结的人以外，大多数人并不清楚自己每个月通过什么途径支出了多少，储蓄了多少。如果继续这样下去，不仅不可能成为有钱人，可能连自己的钱都保不住。

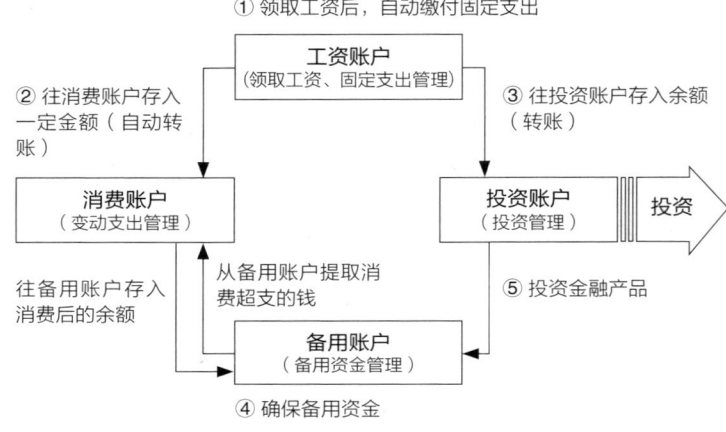

图 3.2　理财系统

试想一下，如果一家企业的 CEO 不知道每个月赚了多少（收入），支出了多少（费用），最终剩下多少（利润），会怎么样？答案很明显，就是这家企业会很快倒闭。我们每个人都是经营自己家庭的 CEO 或会计。采用自己觉得方便的方法理财，比四处打听高收益率的基金带来的收益更多。哪怕是多储蓄 1 元，也可给家庭带来超过 1 元的收益。假设通过合理的理财方式，一年内你多储蓄了 3 000 元。可别小看这笔钱，它相当于按目前的利率投资 6 万元才可获得的收益。

为了得到额外收益，积攒 6 万元容易，还是积攒 3 000 元容易呢？问问放学回家的小学生吧，他们也能告诉你正确的答案。

第 3 章 自动化理财系统：四个账户让钱生钱

知识点

自由职业者每月也给自己发工资吧

自由职业者的月收入经常是不固定的。如果销售的产品季节性强，在特定季节或特定时期比较畅销或滞销，这种现象就会更加明显。因此，不像领取固定工资的上班族，自由职业者想要建立适合自己的理财系统并实行长期的理财计划是有一定困难的。

要解决这个问题，最简单的方法就是给自己发固定工资，再养成根据固定工资消费、储蓄的习惯。为此，要明确划分事业用资金和家庭用资金，每月给自己支付工资并把工资自动转到工资账户。一年后，如果事业有所成就，那么下一年就给自己涨工资；如果事业进展不顺利，就给自己降工资。通过这种方式，也可以利用四个账户理财系统的原理进行理财。

工资账户：为收入把关

工资账户是领取工资及管理固定支出的账户。所谓的"固定支出"，包括自动缴付贷款、利息、公寓管理费、各种公共费用、子女补习费、保障性保险等。

你可以把所有固定支出的自动缴付日期设置为发薪日到月末之间的某一天，当所有缴付结束后，第二天自动转账一定的金额到消费账户。

上面的操作结束后，工资账户就不需要再支出钱了，剩下的钱就都可以作为这一个月的可存金额，全部转账到投资账户。从这时候开始，一直到下一个发薪日期之前，工资账户的余额都为零。

从发薪日起，已自动缴付所有固定支出，生活费用也已经自动转账到消费账户，所以月末只要确认最终余额，再把剩下的钱全部转到投资账户，就不用再费心管理工资账户了。

补打明细或在网上银行查看交易明细时，由于有每月的交易明细，无论什么时候都可以一眼看出固定支出金额的具体变动情况。

你也可以把信用卡的关联账号指定为工资账户，但尽可能不要使用信用卡，或只将其用于较固定的通信费用或交通费用的结算，而其他的消费（变动支出）则使用借记卡。

适用于工资账户的金融产品要具有可以随时存取和自动缴付的功能。因此，银行的储蓄存款或证券公司的 CMA 比较适合。

第 3 章 自动化理财系统：四个账户让钱生钱

表 3.1 10 月、11 月工资账户交易明细

（单位：元）

交易日期	交易明细	存入	支出	余额	说明
10-20	诚实股份公司工资	18 000		18 000	存入工资
10-23	住房贷款		3 000	15 000	自动缴付住房贷款偿还利息
10-25	健康儿童之家		2 100	12 900	自动缴付子女补习班费
10-27	AB 卡		180	12 720	结算信用卡（自动缴付手机费）
10-30	上网费		180	12 540	自动缴付各种公用费用及通信费
10-30	水费		120	12 420	
10-30	天然气费		60	12 360	
10-30	幸福公寓		900	11 460	自动缴付公寓管理费
10-31	健康生命保险		300	11 160	自动缴付子女的保障性保险费
10-31	健康生命保险		600	10 560	自动缴付配偶的保障性保险费
10-31	健康生命保险		900	9 660	自动缴付本人的保障性保险费
11-01	现金转账		4 200	5 460	自动转到消费账户的生活费
11-02	现金转账		5 460	0	把余额全部转到投资账户

（10 月的可存金额）

（续表）

交易日期	交易明细	存入	支出	余额	说明
11-20	诚实股份公司工资	21 000		21 000	存入工资+奖金
11-23	住房贷款		3 000	18 000	自动缴付住房贷款偿还利息
11-25	健康儿童之家		2 100	15 900	自动缴付子女补习班费
11-27	AB卡		180	15 720	自动缴付配偶的保障性保险费
11-30	上网费		300	14 160	结算信用卡（自动缴付手机费）
11-30	水费		120	15 420	
11-30	天然气费		60	15 360	自动缴付各种公用费用及通信费
11-30	幸福公寓		900	14 460	自动缴付公寓管理费
11-31	健康生命保险		180	15 540	
11-31	健康生命保险		600	13 560	自动缴付子女的保障性保险费
11-31	健康生命保险		900	12 660	自动缴付本人的保障性保险费
12-01	现金转账		4 200	8 460	自动转到消费账户的生活费
12-02	现金转账		8 460	0	把余额全部转到投资账户

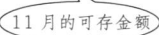

11月的可存金额

第 3 章 自动化理财系统：四个账户让钱生钱

消费账户：养成定额消费的习惯

消费账户管理变动支出即每月所需的生活费用，每个月支出的金额会有一定变动。存入这个账户的钱主要用于日常饮食、交通费、休闲费等。

变动支出是维持生活的必要支出，因此，无论再怎么节约，所能减少的支出金额也是非常有限的。所以，在进行变动支出管理时，养成每月定额消费的习惯就显得至关重要。**如果包括固定支出在内的所有支出都可以保持在无变动的水平，对订立和实施投资计划将是非常有利的。**

假设你每月固定收入是 9 000 元，如果你每月支出能够保持在 6 000 元以内，那你每个月就可以储蓄约 3 000 元。因此，想要积攒 6 万元的本钱投资零存整取存款，大致需要 20 个月。如果每个季度有奖金，达到这个目标的时间可以缩短到 15 ~ 18 个月。但是如果不清楚每个月支出了多少，而且支出的金额又经常变动，就很难订立这样的投资计划。这就好比我们身处大雾中，向着一点模模糊糊的灯光前行，总比漫无目的地乱走好。

确定一个月所需要的大概支出金额后，每月从工资账户自动转账到消费账户，尽可能地把每个月的生活费控制在这个范围内。

表 3.2　10 月、11 月消费账户的交易明细

（单位：元）

交易日期	交易明细	存入	支出	余额	说明
10-1	现金转账	4 200		4 200	从工资账户自动转账存入
10-5	Mani Mart		600	3 600	使用借记卡
10-7	猪肉饭店		300	3 300	使用借记卡
10-9	肠内科		180	3 120	使用借记卡
10-9	ATM取款		300	2 820	提取现金
10-10	Mani Mart		300	2 520	使用借记卡
10-12	华丽百货公司		600	1 920	使用借记卡
10-17	ATM取款		300	1 620	提取现金
10-25	Mani Mart		600	1 020	使用借记卡
10-28	ATM取款		300	720	提取现金
10-30	Happy Pizza		120	600	使用借记卡
11-01	现金转账	4 200		4 800	从工资账户自动转账存入
11-02	现金转账		600	4 200	把上个月的余额转到备用账户

↑ 10月消费后的余额

第3章 自动化理财系统:四个账户让钱生钱

续表

交易日期	交易明细	存入	支出	余额	说明
11-03	猪肉饭店		120	4 080	使用借记卡
11-05	Mani Mart		600	3 480	使用借记卡
11-10	ATM取款		300	3 180	提取现金
11-12	Mani Mart		300	2 880	使用借记卡
11-15	Happy Pizza		180	2 700	使用借记卡
11-17	华丽百货公司		1 200	1 500	使用借记卡
11-21	ATM取款		300	1 200	提取现金
11-25	ATM取款		300	900	提取现金
11-25	Mani Mart		600	300	使用借记卡
12-01	现金转账	4 200		4 500	从工资账户自动转账存入
12-02	现金转账		300	4 200	把上个月的余额转到备用账户

（11月消费后的余额）

日常消费尽量不要使用信用卡,而要使用关联消费账户的借记卡或现金。从管理支出的角度来说,可以实时支出、实时确认交易明细的借记卡更方便管理。

到下一次自动转生活费之前，如果消费账户中还有余额，就把余额全部转到备用账户里作为备用资金。在实际生活中，有时不得不比平时多支出一些钱缴付财产税、汽车保险费或休假费等。不够的部分就可以从备用账户中支出，备用资金不仅可以用来防备非常时期，也可以解决这类问题。

如果用规定的生活费难以生活一个月而经常性地支出备用资金，就有必要增加生活费金额。**我们给自己规定一个月的生活费限度是为了更好地理财，不是为了挑战极限。**

通过补打明细或在网上银行查看交易明细，可以确认每个月的借记卡使用明细，其效果如同记账。因此，如果支出超过了预算，只要核对一下交易明细，就可以很轻松地了解原因。

适用于消费账户的金融产品要具备可以存取的功能。因此，与工资账户一样关联借记卡的银行储蓄存款或证券公司的 CMA 比较适合。

备用账户：以备不时之需

备用账户是管理备用资金的账户，平时存入充足的备用资金，只用于特殊情况。特殊情况是指发生意想不到的事情而需要支付一笔高额费用，或需要缴付财产税、汽车保险费，支出休假费或过节费等季节性支出。除此之外，如果生活费超出了预算，消费账户余额不足时，也可以暂时用来周转。

备用资金最好保持在月平均支出金额（固定支出 + 变动支出）的 3 倍以上。如果很难做到这一点，也要确保有一定金额的资金。在投资之前，要先确保留有备用资金，如果支出了备用资金，要及时补充。

适用于备用资金的金融产品要具备可以随时存取的功能。因此，即使存一天也会有利息的 MMF 或 CMA 比较适合。

投资账户：投资生财

投资账户是管理投资的账户。零存整取存款、基金、变额年金保险（变额年金保险为年金与变额保险特性相结合的商品，保单的现金价值以及年金给付额度都会随着投资绩效而变动。——译者注）等金融产品都可以设置成自动转账，因此，把所有金融产品的自动转账日期设置为同一天或相近的日期，会比较方便管理。

从工资账户中自动缴付各种固定支出和生活费之后，就可以把剩下的钱全部转到投资账户。当然，这最好在各种金融产品的自动转账日期之前操作。变额年金保险等储蓄性保险的按期缴纳次数如果少于两次就会被视同为不再继续投资，所以你要留意

表 3.3　11 月、12 月投资账户的交易明细

（单位：元）

交易日期	交易明细	存入	支出	余额	说明
11-02	现金转账	5 460		5 460	从工资账户自动转账存入
11-10	零存整取存款		1 800	3 660	自动转账存入
11-10	"有钱人梦想"追加式基金		1 200	2 460	自动转账存入
11-10	长期住房储蓄		600	1 860	自动转账存入
11-10	长寿变额年金保险		1 200	660	自动转账存入
11-11	现金转账		660	0	把余额全部转到备用账户
12-02	现金转账	8 460		8 460	从工资账户自动转账存入
12-10	零存整取存款		1 800	6 660	自动转账存入
12-10	"有钱人梦想"追加式基金		1 200	5 460	自动转账存入
12-10	长期住房储蓄		600	4 860	自动转账存入
12-10	长寿变额年金保险		1 200	3 660	自动转账存入
12-11	现金转账		3 660	0	把余额全部转到备用账户

第 3 章 自动化理财系统：四个账户让钱生钱

自己的保险费是否延滞。如果不放心这一点的话，储蓄性保险的保险费可以从管理固定支出的账户中自动转账。

从投资账户中自动转账购买各种投资产品后，可以把剩下的钱全部转到备用账户。备用账户中的钱在备用资金之外，如果还积攒了一大笔钱时，就可以投资到定期存款或基金等。

当你通过补打明细或者登录网上银行查看交易明细时，因为每个月都是重复的交易明细，所以你很容易就能确认某种金融产品投资了多少。

适用于投资账户的金融产品要具有能够自由向其他金融产品自动转账（或进行金融产品交易）的功能，因此，银行的储蓄存款或证券公司的 CMA 比较适合。

到此为止，所讲的内容都关于理财系统的基本构造和四个账户理财系统的应用方法。希望你参考上述内容，设计出符合自己实际情况的理财系统。

如果你是双职工家庭，夫妻双方可以各自准备四个账户，或者共用除了工资账户以外的其他账户。如果是单职工家庭，工资账户、投资账户、备用账户就用有收入一方的账户管理，消费账户分为收入方的消费账户和负责生活的一方的专用账户。如果是未婚，按上面的基本结构设计理财系统就可以了。

我的工资账户和消费账户用于银行的储蓄存款，备用账户投资 MMF，投资账户购买银行的储蓄存款和证券公司的 CMA。

当你按上面所说的重新设计了自己的理财系统后，可能会遇到一些麻烦，尤其是刚开始的几个月，可能还会出现操作失误。但我向你保证，不久后你就会发现这是一个非常便利的理财系统。

希望你参照下面的顺序，设计出属于自己的理财系统。在此，主要是以银行交易的情况为例，如果还和证券公司交易，就可以适当利用 CMA 等。

首先，选择一家银行办理四个账户：

开一个储蓄存款账户作为工资账户（上班族人人都会有一个账户，所以没有必要特地开户）。

开一个储蓄存款账户作为消费账户，关联借记卡。

开一个储蓄存款账户作为投资账户。

开一个 MMF 账户作为备用账户。

为了便于管理和操作，可以通过网上银行把所有账户关联在一起，创造一个便捷的操作系统。

然后，设置工资账户：

所有固定支出的自动缴付账户设定（或变更）为工资账户，

第3章 自动化理财系统：四个账户让钱生钱

自动缴付日期设定为发薪日与月末之间的某一天。一般通过电话或网络很容易变更各种公共费用和保障性保险费等的自动缴付业务，但也有一些必须亲自到银行或相应机构办理。

为了便于每月将一定金额自动转到消费账户，可以将工资账户与消费账户建立关联，自动转账日指定为所有固定缴付结束之后的第二天（或特定的某一天）。

自动转一定金额到消费账户后，把工资账户的所有余额转到投资账户，直到下一个发薪日之前保持工资账户的余额为0元。

设置投资账户：

把所有金融产品（保障性保险除外）的自动转账账户指定为投资账户，自动转账日指定为同一天或相近的日子。

金融产品的自动转账全部结束后，将投资账户的最终余额转到备用账户，使投资账户的余额为0元。

通过这种方法理财，需要做的只是在确认工资账户的最终余额后往投资账户转账（如果一定要用时间衡量的话，也就大概5分钟）及在投资账户往各种金融产品自动转账后确认最终余额，再向备用账户转账（也是大约 5 分钟的时间）。每个账户的交易明细都是按时间顺序整理好的，所以查看并确认支出明细和投资明细非常方便。如果不用网上银行，一个月去一两次银行或附近的 ATM 转账后，再补打明细确认也可以。

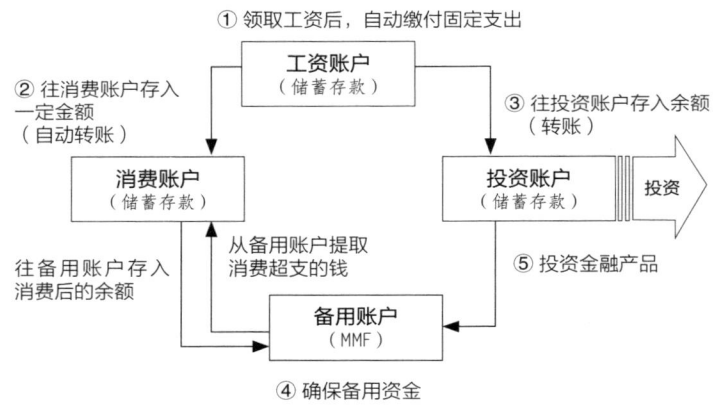

图 3.3　适合四个账户的金融产品

经常检查一下你的四个账户

每年至少检查一次理财情况，其最重要的目的是确认收入中存了多少钱，和上一年比起来增加了多少净资产。确认后如果觉得未能充分储蓄，就有必要分析原因，努力改善。一般不能充分储蓄的原因是因为超支消费。

第3章 自动化理财系统：四个账户让钱生钱

当然，收入非常少或需要扶养的家人太多，或家人中有严重慢性疾病患者或残障人士而需要支出很多医疗费时，情况就有些不同。对于这种情况，除了解决根本问题、增加收入及接受政府或公益团体等的帮助外，没有更好的办法。

但如果是由于超支消费而不能充分储蓄，那么只有通过减少支出才能增加储蓄额。如果节制消费后依然不能充分储蓄，就要查看一下固定支出中的子女教育费、保障性保险费、贷款偿还利息等是否超支。不过，这些并不是可以节约的。

其实，应该把收入的多少用于储蓄并没有统一的标准，而要根据自身条件来确定。这是个人的目标，也是自我控制的结果。每个人的生活方式都不同，所以每个人能够储蓄的最大数额也只有自己最清楚。但是，有时也很难判断个人的金融投资情况和收支情况是否存在问题，这时就非常有必要咨询金融公司的专家顾问，或许可以得到一些好建议。

我用 Excel 软件制作了几张简单的表来检查理财情况，一共由 5 个 sheet 组成，填好第一个和第二个 sheet 后，可以在剩下的 3 个 sheet 中得到资产、负债、收入、支出、储蓄比例等分析结果。

表 3.4　sheet1：资产和负债情况

（单位：元）

区分			本人	配偶	合计
资产	金融资产	备用资金	30 000	—	30 000
		投资资金（债券型）	60 000	—	60 000
		投资资金（股票型）	60 000	—	60 000
		金融资产合计			150 000
	房地产	居住目的房地产（含传贳金）	1 800 000	—	1 800 000
		投资目的房地产	—	—	—
		房地产合计			1 800 000
	其他	其他资产	30 000	—	30 000
		其他资产合计			30 000
		资产合计			1 980 000
负债		住房贷款	300 000	—	300 000
		信用贷款	—	—	—
		其他负债	—	—	—
		负债合计			300 000
净资产合计（=资产合计-负债合计）					1 680 000

表 3.5 sheet2：收入和支出情况（部分）

（单位：元）

区分			本人	配偶	合计
税前收入		工资（或月平均收入）	18 000	18 000	36 000
		工资以外收入	—	—	—
		收入合计			36 000
公共支出		所得税	600	600	1 200
		国民年金保险费	600	600	1 200
		医疗保险费	600	600	1 200
		劳动保险费	60	60	120
		其他	—	—	—
		公共支出合计			3 720
实际收入合计（= 收入合计−公共支出合计）					32 280
固定支出	负债偿还本息	住房贷款偿还本息	3 000	—	3 000
		信用贷款偿还本息	1 200	—	1 200
		其他负债偿还本息	600	—	600
		负债偿还本息合计			4 800
	住房相关支出	租赁费（月租等）	3 000	—	3 000
		住房管理费	1 200	—	1 200
		公用费用 （水费、天然气费等）	300	—	300
		通信费 （有线电视、网络等）	300	—	300
		住房相关支出合计			4 800

注：实际收入指除去所得税、国民年金保险费等公共支出后的实际收入。

表 3.6 sheet3：资产和负债情况分析结果

（单位：元）

资产		负债	
备用资金	30 000	住房贷款	30 000
投资资金	120 000	信用贷款	—
房地产	1 800 000	其他负债	—
其他资产	30 000		
其中：非金融资产	1 830 000		
金融资产	150 000		
资产合计	1 980 000	负债合计	300 000
净资产（＝资产合计－负债合计）			1 680 000

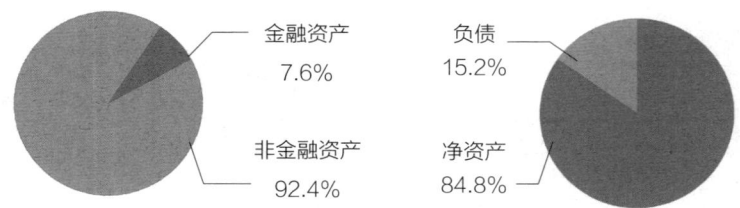

图 3.4 资产组成图

表 3.7　sheet4：收入和支出情况分析结果

（单位：元）

收入		储蓄和支出		
项目	金额	项目	项目	金额
本人工资	18 000	储蓄	储蓄	3 480
		公共支出	公共支出	3 720
配偶工资	18 000	固定支出	负债偿还本息	4 800
			住房相关支出	4 800
工资以外收入	—		子女相关支出	3 000
			保障性保险费	2 400
			其他固定支出	—
实际收入	32 280	变动支出	家庭生活支出	11 100
			社会生活支出	3 300
			其他变动支出	600
收入合计	36 000	储蓄和支出合计		37 200

表 3.8　收入、支出现状表精简版（月）

（单位：元）

收入		储蓄和支出	
项目	金额	项目	金额
本人工资	18 000	储蓄	3 480
配偶工资	18 000	公共支出	3 720
工资以外收入	—	固定支出	15 000
		变动支出	15 000
收入合计	36 000	储蓄和支出合计	37 200

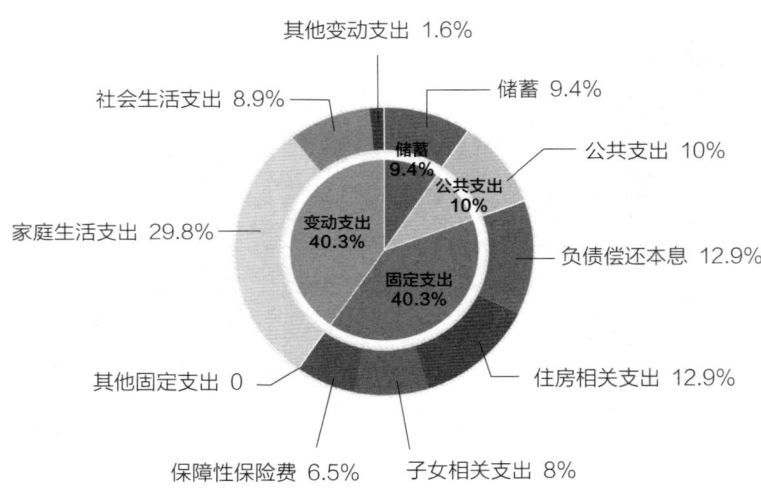

图 3.5 储蓄和支出组成图

第3章 自动化理财系统：四个账户让钱生钱

表3.9 分析结果

分析项目	指标及公式	计算结果
备用资金	备用资金倍数= 备用资金÷（固定支出+变动支出）	30 000÷(13 800+15 000)=1.04
保障性 保险费	保障性保险费支出比例= （国民年金保险费+医疗保险费+ 劳动保险费）÷实际收入	(1 200+1 200+120)÷32 280=7.8%
储蓄	储蓄比例=储蓄÷实际收入	3 480÷32 280=10.8%
固定支出	固定支出比例= 固定支出÷实际收入	13 800÷32 280=42.8%
变动支出	变动支出比例= 变动支出÷实际收入	15 000÷32 280=46.5%
总负债	总负债比例= 负债合计÷资产合计	300 000÷1 980 000=15.2%
总负债 偿还本息	总负债偿还本息比例= 负债偿还本息合计÷实际收入	4 800÷32 280=14.9%
住房贷款 偿还本息	住房贷款偿还本息比例= 住房贷款偿还本息÷实际收入	3 000÷32 280=9.3%
信用贷款 偿还本息	信用贷款偿还本息比例= 信用贷款偿还本息÷实际收入	1 200÷32 280=3.7%
其他负债 偿还本息	其他负债偿还本息比例= 其他负债偿还本息÷实际收入	600÷32 280=1.9%

财智观

在事实层面做到节约开支

当生活不再拮据的时候，人们对金钱的态度就显得太随意，总是带着鼓鼓的钱包出门，又带着干瘪的钱包回来。很多时候，我们在心里不断告诫自己要节约，可实际上却做不到。

每到月末的时候，慧总是会感叹自己的结余为什么这么少。后来慧开始记账了。到了月底结算的时候，慧惊讶地发现，她每月的支出中有一半是非生活必需品的支出。了解到这一点后，慧开始分析哪些开销是完全不必要的，哪些支出是可以节省的。到下个月再度结算的时候，她发现自己依然有许多不必要的开支。

事实上，慧究竟可以将哪笔开销节省下来并不重要，重要的是她每个月的结余是否确实在增加。对于消费上自控能力不是很强的慧来说，她特别需要一个外力推动她完成这个目标，而本章中的四个账户理财系统可以起到这个作用。

小愉是我认识的一个时尚漂亮的女孩。有一次,我们一起聊天,当她说到她是"月光族"的时候,我很诧异,因为我知道她有一份不错的工作,每个月可以给她带来 8 000 元的收入。后来小愉告诉我,她每个月的收入有不少都贡献给星巴克了,因为她非常喜欢喝咖啡。这确实是一笔不小的开销。但是我知道,即使现在小愉的工资涨到了 10 000 元,她月末依然不会有结余。

我们常常使用的公式是"当期收入－当期支出＝未来支出",但是像小愉这样的人,如果套用这个公式,那最后的结余只会是0。我们可以换种思考方式,用公式"当期收入－未来支出＝当期支出"来强迫自己存钱,比如先还房贷,再通过按期缴保险、基金定投等方式扣除投资资金,剩下的再作为自己日常固定的生活支出。所以我认为,本章的理财系统也可以根据个体特性逆向运行。

第 4 章

让银行的钱为我所用

"有钱人都是有负债的人。"在这个金融市场发达的社会,只"吃着自己碗里的"已不是最好的安身立命之道了,当适当的机会出现时,我们还可以"借点别人锅里的"。

4개의 통장

———— 克里斯托弗·布朗 ————

特威迪-布朗基金公司总裁，
洛克菲勒大学投资管理委员会委员，
本杰明·格雷厄姆门下优秀的学生之一。
畅销书《价值投资者的头号法则》作者。

4 개의 통장 FOUR BANK ACCOUNTS

明智理性的投资决策也许会
给我们的生活带来巨大的影响：
它可以让你轻松惬意地安享退休生活，
供养你的孩子读最好的大学，
随心所欲地享受生活带来的无穷乐趣。

第 4 章　让银行的钱为我所用

"资产"并非都是好东西

资产就是"我自己的钱"。因为是"我的"所以可以随意使用，可以借给别人、出售或与他人交换。是以现金、存款，还是以基金、保险、股票、房地产等状态拥有这些资产也都"随我便"。拥有很多资产的人，我们称之为"有钱人"。因此，要想成为有钱人，增加资产也就是理所当然的了。

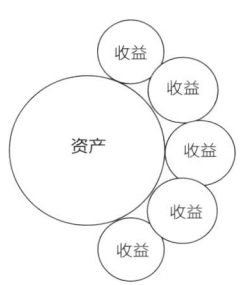

图 4.1　资产产生收益

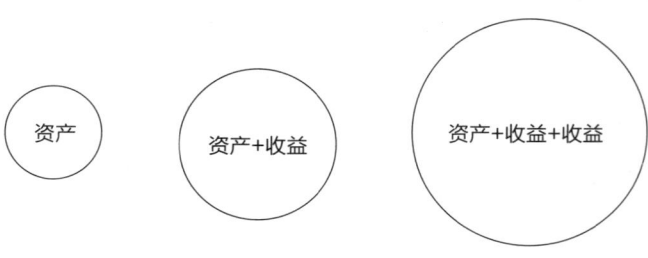

图 4.2　资产自增值

只有当主人关心资产并用心管理时，资产才会自增值并且产生收益。就像苹果树一样，如果主人一直用心照顾它，它就会用果实来报答主人。但是如果不用心管理，资产不但不会增多，甚至还会减少。

根据是否可以产生收益，资产可以分为优质资产和劣质资产。优质资产是指可以产生收益的资产。比如投资风险小收益也小的定期存款、投资风险大收益也大的股票型基金以及房地产那种既能够直接使用又能够产生收益的资产都属于优质资产。

相反，劣质资产是指不能产生收益的资产。比如汽车，不仅不能产生收益，其价值反而会不断减少。

也许有人会不同意单纯地因为不能产生收益而将汽车划分为劣质资产。这类资产虽然具有便利性等实用价值，但这些价值却无法用金钱衡量。我自己也曾住过传贳房，也拥有汽车，对这一点非常清楚。特别是汽车，是我工作生活中非常重要的工具，但这种重要性却不能用金钱衡量。所以,不能产生收益的资产越多,资产的无收益期限越长,越不利于资产的增长。

管理好的优质资产,不仅可以产生收益,还可以自增值,而劣质资产则正相反。因此,如果你想更快地增加资产,就要尽可能地拥有更多优质资产。

也许有人认为只要是"我的"资产都会是优质的,怎么会有劣质资产呢?我所说的"劣质",并不是指"无用",而是指"不能产生收益"。比起"拥有很多的资产",更重要的是"拥有能产生收益的资产"。因为拥有的劣质资产越多,就越妨碍资产增长。

假设你支出60万元传贳金住在公寓。正如我前面所讲的那样,公寓传贳金不能产生收益,变成了劣质资产。如果把60万元传贳金按年利率4%(税后)定期存款一年,就可以得到2.4万元的收益(利息)。如果以同样的收益率每年复利投资,2年后是48 960元,4年后是101 880元,10年后就会得到288 120元。但是,你把60万元以传贳金的状态支出,就相当于抛弃了上述这么多的收益。这和每年把2.4万元丢到垃圾桶没什么分别。总之,传贳金对资产增长没有任何帮助。当然,你也可以认为传贳房公寓给你和家人提供的方便超过了其价值。但是这种**无形的价值,不会直接增加你的有形资产。能够增加资产的只有产生收益的追加式储蓄和优质资产**。

如果你已经认识到了这一点，并为不知如何解决这个问题而烦恼，那么你可以采用我下面介绍的方法：

同样是公寓，但搬到比现在居住面积小一点的公寓，或搬到附近价格更低的公寓，减少传贳金，剩下的钱以定期存款或基金等优质资产的状态持有。相信我，这对增加资产肯定有帮助。如果传贳金来自贷款，就尽快偿还全部或一部分的贷款，减少每月需要支付的利息，这样就可以多储蓄一点，也有助于增加资产。你作出的这种选择，可能会使你目前的生活有些不方便，却能加快拥有自己房子的速度。

持有资产的时候要考虑收益，因为收益意味着资产增长的速度。你现在所作的一个小决定，可能会对未来的结果产生很大的影响。当然，不可能所有的资产都以优质资产的状态持有。但如果不能产生收益的资产比重太大，就表示作为资产主人的你并没有起到好的管理的作用。**如果想要成为一个有钱人，就要为增加优质资产持有比例而努力**。

如何正确地向银行借钱？

用一句话概括负债就是"借来的钱"。因为是"别人的"，所以要在约定的期限内全部还给别人。而且和资产能产生收益不同，负债还会产生费用,即要支付使用"别人的东西"的代价(利息)和手续费等,所以叫作"负债费用"。

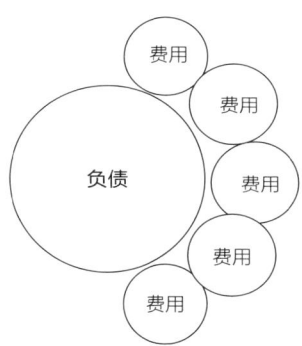

图 4.3　负债产生费用

如果不能在约定的期限内还清负债或按时支付利息,负债也会以非常快的速度增长。这时,要还给别人的钱就会比实际借用的钱更多,或被债主强行夺走资产。情况严重时,甚至还要抵押上未来的收入。

图 4.4　负债可能飞速增长

根据使用的目的，负债可以分为优质负债和劣质负债。

优质负债是为了持有优质资产或者资产产生的收益大于负债费用的负债。**优质负债最终会转换为优质资产，无论何时卖掉该资产都可以偿还负债。**

例如，为了购买公寓申请住房贷款。因为公寓升值带来的收益或租赁产生的收益，都是优质资产。在这种情况下，住房贷款是为了持有优质资产的优质负债。只要以后实现收益，就可以回收前期向银行支付的所有贷款费用。而且，因为是以公寓的形态持有价值，所以贷款本金也不会消失。因此，只要还清所有贷款，公寓就会完全属于自己。即使无法在约定的期限内偿还贷款，也可以出售公寓进行偿还。打个比方说，**住房贷款相当于用水瓢借水倒进水缸后，再用水瓢还借来的水。** 类似这样的优质负债就是有助于增加资产的。

相反，劣质负债其实是持有劣质资产的负债。

例如，分期付款购买汽车。由于汽车属于消费品，所以从买回汽车的那一刻开始，汽车不仅不会产生收益，反而开始贬值，所以属于劣质资产。在这种情况下，分期付款相当于持有劣质资产。而且，这项资产并不能产生收益，所以无法回收支付给金融公司的贷款利息和分期付款手续费。还继续用上文提到的那个比喻，**贷款买车相当于用水瓢借来水倒进破碎的水缸，为了还借来的水，**

要么重新打水，要么继续借水。类似贷款买车这种情况，属于劣质负债，它不能为你增加资产。如果抵押住房来贷款购买了汽车，也是劣质负债。

　　增加"好的负债"也是一种解决财务问题的方式，然而一旦管理不善，投资者很可能因为资金周转不善而不得不变卖更有长期增值潜力的优质资产，最后反而陷入被动的局面。因此，借债要谨慎。

　　为了消费而借钱也是劣质负债。借来的钱因消费而消失，所以要处理其他资产或赚钱来偿还。负债费用也无法回收，所以也不能增加资产。

　　向高利贷或信贷公司借的钱，无论用于什么目的，都是劣质负债。其原因我就无须再说了。因此，我特别提醒大家：即使走投无路，也不要轻易到这种地方借钱，即使要借，也要非常非常慎重。

　　总之，能够增加资产的就是优良负债，除此之外就是劣质负债。所以，**如果不是为了持有优质资产，尽可能不要借钱**。即使是优质资产，也可能会贬值或无法产生收益。因此，为了持有优质资产，借钱的时候，要先算清楚资产的期望收益和相关负债费用等再作决定。过多的负债会产生无法承担的负债费用，造成个人不稳定的金融状态，所以要特别注意。

为了持有优质资产而借钱，其目的是投资并获得收益，即"借鸡生蛋"。因此只有投资收益减去负债费用后还有剩余时，才能够作这样的决定。换句话说，如果投资失败就可能会失去借来的钱或无法产生所期望的投资收益时，最好不要借钱。

例如，很多人借钱投资股票。如果获得高收益，偿还借款后还会有一定的剩余收益。但是如果投资失败，就只剩下还钱的义务，这是一件非常痛苦的事情。因此，只有自己对投资结果非常有信心时，才可以作这样的决定。但即使非常自信，也有可能产生和预想不同的投资结果，所以要时刻小心。

事实上，我认为购买以居住为目的的住房时申请的住房贷款才是唯一的优质负债。如果不是为了买房，就没有必要借钱投资。即使是买房，如果可以不贷款就不要贷款，这是一个比较明智的做法。

当然，也有一些人巧妙地利用负债，取得了事业的成功，比如投资股票、房地产等获得高收益而成为有钱人。正因为这样，有人说即使是借钱也要投资，才能更早一点成为有钱人。他们的话并没错，但这样做的人中，十有八九都以失败告终，还有人甚至一蹶不振，再无翻身之日。总之，这样做的失败者远比成功者更多。如果用自己的钱投资还不够,还要借钱去投资,说明这个人很贪婪。过分的贪念会让人执着于短期的收益,丧失判断力,最终失败的概率也相应增加。投资成功的人常说不要投资不了解的对象,即如果不了解要投资的对象有什么风险、怎样管理风险等,就不要投资。

特别是那些想借钱去投资的人,更加需要遵守这一原则。因为借钱投资如果失败的话,不仅会失去钱,还可能会毁掉自己的人生。假如有一天,你遇到一个天大的好机会,你认为这种机会一辈子可能只会有这么一次,所以打算借钱投资。但你同时也要考虑到,这也可能会对你的人生造成严重的打击。**不要用别人的钱作风险投资,而应当用自己多余的钱去投资**。多余的钱即使全部失去,也不会对你现在的生活和未来的人生产生太大的影响。

"好"负债能帮你增加财富

净资产是指还清借用的钱(负债)后剩下的自己的钱(资产),因此可以定义为"纯粹的我的钱"。

净资产多意味着资产比负债多,净资产处于负数状态意味着卖掉所有资产也无法偿还负债。

如果一直处于"资产产生的收益 > 负债费用"的状态,净资产就会日益增加。相反，如果一直处于"资产产生的收益＜负债费用"的状态，净资产就会减少。因此**必须充分储蓄，再用这笔钱投资优质资产，保证资产收益大于负债费用**。但这并不是说"负债=0"就一定好。**利用好优质负债有助于增加净资产**。贷款买房就是有助于增加资产的良好例证。

图 4.5　资产中减去负债的金额称为净资产

例如，为了买 120 万元的公寓，你申请了 60 万元的住房贷款。住房贷款用于购买公寓，是优质负债。如果年利率 5%，5 年后一次性偿还，在利率不变的条件下，5 年内你需要支付 15 万元的利息。5 年后，如果公寓价格涨到 180 万元，就会有 60 万元的行情利差（市价变动产生的收益。——译者注），除去所支付的 15 万元利息后，还能得到 45 万元的收益。

你可以用 5 年时间充分储蓄后再偿还贷款。如果储蓄的钱不够，前期又没有发生特别的信用问题，你还可以先只偿还一部分，再延长贷款期限。如果具备了转让所得税的免税条件，卖公寓偿还贷款，也会剩下 45 万元的收益。这时，实际投资的钱不是 120 万元，而是 60 万元，5 年内的累积收益率是 75%，相当于年均 11.8% 的复利收益率。即使还要支付房地产中介手续费、登记税、搬家费、财产税等各种附加费用，也能达到 10% 的年均复利收益率。有时候，**贷款买的房子的收益率反而会比无负债全额付款购买的房子的收益率还高。**

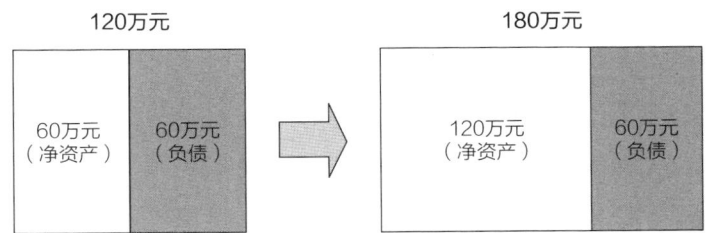

图 4.6　用 120 万元购买的公寓 5 年后变成 180 万元的情况

注：负债只偿还利息，假设贷款利率为年利率 5%。

　　○ 净资产增加 60 万元

　　○ 产生 60 万元的行情利差

　　○ 产生 45 万元的收益（行情利差 60 万元－贷款利息 15 万元）

　　○ 投资本金 60 万元的累积收益率 75%（年复利 11.8%）

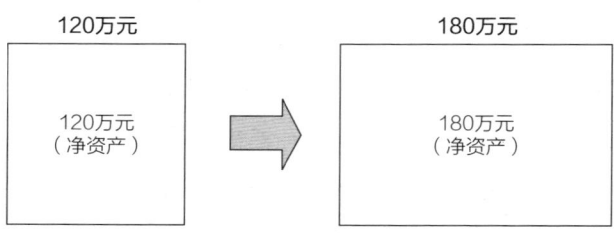

图 4.7　在相同条件下无负债购买的情况

○ 净资产增加 60 万元

○ 产生 60 万元的行情利差

○ 产生 60 万元的收益

○ 投资本金 120 万元的累积收益率 50%（年复利 8.4%）

　　像这种适当利用优质负债增加资产的工具，被称为"负债的杠杆作用"。就像利用杠杆可以抬起仅靠自己的力量无法抬起的重物一样，把负债作为杠杆，就能够购买只凭借自己的经济能力无法购买的公寓，而且随着公寓价格的上涨，还可以获得收益。

　　当然，公寓价格可能不涨也可能下跌。如果把这个定义为"风险"，即使不买公寓，也很难从这种"风险"中摆脱出来。因为如果以后公寓价格大幅度上涨，就会陷入即使贷款也很难买到同等面积公寓的处境，这也是"风险"。如果你认为"拥有自己的房子"并不重要，或有多少钱买多大房，那就完全没有担心"风险"的必要。因此，你可以先判断发生哪一种"风险"的可能性更大一些，哪一种"风险"给你带来更不好的影响,再决定是否利用负债。虽然在此列举的是购买公寓的案例，但这一原理适用于所有为了增加净资产而利用负债的投资行为。

那么为了增加净资产，最快的方法是利用贷款吗？不是。最快的方法是先充分储蓄，再把储蓄的钱不断地投资到优质资产上。优质资产越多,产生的收益就会越多,净资产增加的速度也会越快。资产增值中也有"财富加速度"在起作用。这又再次回到本书的"原点"，即要想成为有钱人，就要充分储蓄，不断进行复利投资。

贷款买房，"投资价值"不可忽视

房子是现代都市中绝大多数中低收入者最美的梦和最大的痛。不买吧,总觉得在这世上尚无立锥之地；买吧,一夜之间会变身"房奴"。房子，买还是不买，似乎成了人们心中最大的疑问。

到底要不要贷款买房？

很多人为了买房向银行贷款，买了房以后，又为了搬到更好的房子而再次向银行贷款，同时对房价的涨跌无休止地进行争论。

2008年，由于金融危机及经济不景气，这种争论更加激烈。其实，这并不是什么新鲜事，早在十几二十年前，人们就已经开始了这场争论，只不过至今还没有得出结论。从10年前起，一些理财专家和经济学家就一直认为房地产将面临泡沫经济。他们认为目前韩国的房地产商们大多怀有不安的情绪，这种现状正好说明他们先前的预测是正确的。

最近，那些金融、证券公司纷纷站出来说，10年或20年前购买并一直持有绩优股所获得的利润，要比同时期购买房地产获得的利润还要多。他们还认为，在不久的将来，韩国的房地产市场也会像日本房价暴跌后那样，长期处于不景气的状况。所以，从长远的角度来看，现在投资房地产还不如投资股票或基金。

不过，争论仅仅是争论，大韩民国的人们对它并不感兴趣。他们仍然愿意存够首付后就去贷款买房再还贷款，也不愿意推迟几年一次性全款买房。这是因为房价上涨得太快，仅凭储蓄很难实现买房的梦想。再说，对于那些除了房子以外再无其他资产的普通人来说，买房除了可以满足自身居住需求，还可以让自己的资产增值。在日常生活中，我们经常可以看到那些买房后一边住着一边盼望房价上升的人，却很少听说有人因为持有10年绩优股而获得了比投资房地产更多的收益。

事实上，绩优股指的仅仅是事后结论性的事情。十几年前，一些企业的股票被认为是绩优股,而现在这些企业已不知所终,购买这些企业股票的人更是亏损无数。如果房子也像股票一样容易买卖,可能结果会不一样,但现实并不是这样。而且,那些因为听信"房价会下跌"而一直没有买房的人,现在看到房价飙升,就算借钱也无力购买,没有一个不后悔的。那些一直期望可以买到新楼盘的人,现在也开始后悔没有买套二手房。所以,他们现在只好试着再相信一次"房价可能会降"的说法和政府新出台的住房调控政策。

那以后会怎么样呢?是要贷款买房,还是一直存钱到可以一次性全款购房的时候呢?或者干脆继续住传贳房或月租房?在你为这个问题烦恼不堪时,有必要先考虑一下"自己的家"所拥有的深刻内涵。

我想起10年前在电台节目中听过的一个故事。一个男人在节目中谈到,他结婚15年后才买了自己的首套房子。搬到新家的第一个晚上,他突然听到妻子在轻声哼唱。他以为是换了床妻子睡不着,所以就和她说了一句话。等了好一会儿,见妻子没有回应,才发现原来妻子是在微笑着说梦话。那一瞬间,他突然觉得很对不起一直辛劳的妻子。现在,虽然晚了一点,但他们总算拥有了自己的房子。

"房子"在成为房地产商品之前,首先是一个温暖的家,一个可以让家人安心休息、吃饭、睡觉的窝,所以谁都不能容忍其他人来侵犯。正因为是"自己的房子",不用担心传贳金会涨,也不用为了搬家而打包行李,所以它拥有不可替代的价值。特别是在老了、累了、病了的时候,"自己的房子"会让人得到慰藉。即使房子又小又破,这种价值也不会因此而减少。

我曾在电视上看到,一位老人由于城市规划拆迁而被迫失去了自己的房子。她一边痛哭一边说:"虽然是一间看起来要倒塌的房子,但毕竟这是我自己的房子。因为有它,我才能养大孩子,一辈子过着安定的生活。可现在让我去哪里啊?"老人悲痛欲绝的样子,充分说明了"自己的房子"对一个人来说是多么重要。

简单地说,房子所拥有的意义大致可以分为两种。一是作为居住空间的家;二是为了获得收益的投资对象。

很多人都在烦恼是不是应该贷款买房,因为他们倾向于把房子当作投资对象,要根据今后的房地产市场前景作选择。即使是不把房子当作投资对象而只当作居住空间的人,如果太重视教育环境、交通通达度、生活便利度、舒适感、治安水平等影响住房

第4章 让银行的钱为我所用

价格的要素,也只会徒增烦恼。居住环境越好的房子,作为房地产的投资价值越大,如果目前价格已经上涨,以后继续上涨的可能性也会很大。

那么准备了一点本钱,还没有买到房子的人,是应该现在就贷款买房呢?还等房价下跌后再说呢?为了得出结论,我们来假设以下几种情况:

① 贷款买房后房价上升。

好的方面:房子既是居住的空间,又是投资的对象。

坏的方面:没有。

② 贷款买房后房价下跌。

好的方面:房子是居住的空间。

坏的方面:房子不是投资的对象。

③ 预测到房价可能会下跌而没有买房,结果房价真的下跌了。

好的方面:房子不是投资的对象。

坏的方面:房子不是居住的空间。

④ 预测房价可能会下跌而没有买房，但现在房价上涨了。

好的方面：没有。

坏的方面：房子既不是居住的空间，又不是投资的对象。

上述中，好的情况是①和③，但这两种情况不会同时发生（可能不同时期，这两种情况都会发生）。期望①的情况，要承受②的风险；期望③的情况，要承受④的风险。②④这两种风险也不会同时发生。人们在买房的时候，通常苦恼的是缺钱，所以担心的是②和④两种情况。②是买房以后可能发生的风险，④是还没买房时可能发生的风险。最终只要好好考虑这两种风险哪一种对自己更不能承受就可以作出决定了。当然除了上面的4种情况，还会有其他情况，也需要好好考虑。

对是否买房这个问题，我不想给出什么结论，只想简单地谈一谈自己的买房经历。这是我个人的案例，并不代表其他人也要作出同样的选择。

我期望发生①中的情况，所以买了房，也就是决定承担②中的风险。如果真发生了②中的风险，可能要放弃收益，但能够享受"自己的房子"带来的舒适感。如果曾在连阳光都透不进来的多住户传贳房中经历过新婚生活的人，就可以理解这种舒适感有多重要。虽然可能需要在一段时间内背负偿还贷款或债务的压力，但这是为享受舒适感所付出的代价，至少不用再烦恼住传贳房时必定会经历的房东要求上涨传贳金或临时搬家等问题。

如果因为期望③的情况而没有买房，一旦发生④中的风险，不仅没有享受到舒适感，还没有收益，而且还要继续苦恼是否要选择贷款买房。更大的问题是，这时买房需要比以前更多的贷款，或可能发生即使贷款也很难买到房子的情况。我当时判断，选择④不会给我和家人带来任何好处，所以选择了承担②带来的风险。

之后，我期望自己房子的价格上升率能够长期和物价上涨率或其他房子的平均价格上升率持平。如果除去贷款费用和税金等还可以保持这个上升率，就再好不过了。我没有想过利用房子赚更多的钱，也没有想过为了投资再购买一套房子，只是不希望在别人的房价上涨时，我的房价却在下跌，或者在整体房价下跌时，我的房价跌得太多。

举一个日本的例子。很多人都担心房价暴跌，但如果真的发生这种事情,包括股市在内的其他资产市场也不会很乐观。实际上，日本的房地产市场暴跌之前是股市先暴跌，很多企业和金融公司倒闭。经历过这种事的一部分日本人，都不把钱存到存款利率接近于0的银行，而是把现金锁进保险柜放在家里。连日本政府都无法推算以这种方式持有现金的家庭到底有多少。

一个国家的经济系统的运行与波动，并不在于一两个独立的变数，而在于相互影响的无数个变数。因此，如果一个变数突然出现致命的问题，其他变数跟着产生连锁反应的可能性就很高。因此，当把全部或绝大部分的钱都投资到房地产时，为了分散投资风险，可以减少房地产的投资比重，增加金融资产的比重，但这并不能作为防备房地产价格暴跌的选择。防备这个问题的最好方法就是不把钱投资到任何地方，全部以现金状态持有。但对于大部分只拥有一套房子的人来说，要减少房地产投资比重，除了卖掉现在拥有的房子以外，没有更好的方法。所以相对而言，这种方法更加难以适用。

　　说实话，我也觉得最近的房价已经近乎天价。虽然决定投资什么对象是个人的自由，但由于无法控制其结果，在投资之前应该充分考虑可能发生的风险并想好对策。尤其是一旦买了房子，就会长期持有。由于很多人一辈子不可能再第二次买房，买房子的时候就一定要无比慎重。买房之前要仔细挑选，要买一套以后会涨价的房子，或者即使房地产市场萧条时，房价也不会下跌太多的房子。当然，说时容易做时难。不过，只要想到退休后房子可能会成为自己最后一道经济堡垒，这件事情就不可能随便地处理。另外，我认为先买小房子再换成大房子的购买战略也不是很明智。从长远的角度来看，现在拥有大房子以后转变成小房子的战略显得更安全。

第 4 章　让银行的钱为我所用

我认为居住环境和交通条件比较好的、面积为 59.5 ~ 85 平方米的中小型公寓是最佳购买对象，适合 3 ~ 4 人居住的小型公寓最好，中小型别墅也可以。我的理由如下。

包括我在内的很多人都偏爱公寓，但是相较于希望住公寓的人数，公寓的供给量还远远不够，尤其是中小型公寓的需求者比大型公寓或其他住宅的需求者多一些。也许，有人会反驳说，低出生率导致年轻人占比减少，独生子或独生女长大后会从父母处继承住房，所以中小型住房的需求会日益降低。

不过，从另一方面看，由于退休年龄提前、人们平均寿命变长，现在拥有大型住房的中年人，为了解决退休期间的生活费和医疗费等问题，在退休后卖掉现在的大房子、搬到小房子的可能性会增大。因此，到目前为止，中小型公寓是年轻人竞争的市场，大型公寓是已经拥有一定资产的中年人竞争的市场，但今后中小型公寓很可能成为青年人和老年人一起竞争的市场。如果对"银发村"（silver town，以老人为对象，只要付钱就可以享受居住、疗养设施的村子。——译者注）的需求越来越多,可能会出现其他现象。但是我不想在老了以后，住进老人专用的居住设施，我想和年轻人一起生活。我也不想离开我一直生活的地方。你呢？如果你的想法也和我一样，在没有病到不能自理的情况下，对老人来说，"银发村"并没有很大魅力。

不仅如此，最近房地产公司在建公寓时，根据需求而有意减少中小型公寓供给量，当中小型公寓供给减少时，价值可能会因此上升。因此，居住条件好的社区，中小型公寓的价格在短期内不会跌落，即使房地产市场长期不景气，比起大型公寓或其他住宅，中小型公寓的价格受到的冲击也不会太大。

我既不是房地产不败论者，也不是公寓信奉论者。我只是希望能拥有一个我的家人可以放心休息、睡觉的家，只不过根据目前的条件，公寓最适合我而已。而且，我还认为，既然同样是房子，就应该拥有一套更具有投资价值的房子。

但是，今后如果房地产市场价格走势与我所预想的不一样的话，为了保存自己资产的价值，我都会选择卖掉自己的房子、租别人的房子住。如果把青蛙直接放进热水里，它就会蹦出来；但是，如果放进凉水里慢慢煮，它就会在不知不觉中死去。环境正在发生变化，如果无视这一点继续固执己见的话，只会沦为死去的青蛙。

我特别喜欢首尔市和SH公社一起启动的"长期传贳房供给项目"的口号——房子从"买的"变成"住的"。但对于这种观点，很多人并不一定能够接受并转变为实际行动，所以买房的时候还是不能忽视房子作为房地产的投资价值。

第 4 章　让银行的钱为我所用

哪一种住房贷款更好

　　住房贷款有不同的还款付息方式：可以每月只支付利息，到期时一次性偿还本金；也可以每月支付利息的同时偿还部分本金。如果从利率的角度进行区分，有根据发放贷款时的利率来计算全部利息的固定利率贷款，有根据不断变动的利率来调整利息的浮动利率贷款，也有将这两种方式结合在一起的混合利率贷款。

　　固定利率贷款由贷款人承担利率变动的风险，浮动利率贷款由借款人承担利率变动的风险。因此选择固定利率贷款时，贷款人一般可以适用更高的利率。这是贷款人向借款人索要的利率变动的风险溢价。

　　哪一种贷款方式更有利？关于这个问题，根据未来利率变动情况还是个人偿还能力来判定，答案会有些不同。相较而言，根据个人偿还能力来选择利率方式，比根据利率变动情况来选择利率方式显得更现实。不过好在预测长期的利率并不像预测股票价格那样难，如果可以在 3 年内偿还所有的贷款本金和利息，就选择浮动利率贷款；如果无法做到这一点，就选择固定利率贷款。也就是说，如果能够很快偿还贷款，那么利率上升的风险就比较低，所以可以选择贷款时利率相对较低的浮动利率贷款；如果不能很快偿还贷款，就选择固定利率贷款。贷款期限为 5 年或 10 年以上的长期贷款，如果选择浮动利率贷款，只有在今后利率下跌时才可能会有利，如果利率上升，就要偿还更高的利息。因此，与其期盼从利率下跌中获利，不如选择规避利率上升的风险。

如果选择固定利率贷款后，利率持续跌落，贷款时的利率和目前的利率之间就会产生较大差异。遇到这种情况时，可以考虑变更贷款方式。这时，就要先计算清楚更换贷款方式时产生的追加费用和利息节减额等之后再作决定。

需要多少住房贷款？

买房的时候，要贷多少住房贷款才比较合适呢？

想要获得这个问题的答案，首先要考虑两件事。一是住房价格和贷款本金的比率，二是借款人所要支付的贷款本息和收入的比率。用专业用语来说，前者称为住房贷款比率（loan to value，LTV），后者称为总负债偿还比率（debt to income，DTI）。

当人们问我 LTV 和 DTI 哪一个更重要时，我一般都会回答 DTI 更重要。理由如下：每月偿还的贷款本息是固定费用。固定费用是不管收入减少还是中断，每月都必须支付的钱。如果没能在约定的日子支付费用，就会出现问题。如此反复几次后，最糟糕的情况是房子会被金融公司拍卖处理。因此，计算 DTI 时，

第4章 让银行的钱为我所用

要考虑如果从双职工家庭转变为单职工家庭而收入减少时,是否也能支付贷款本息。同时,为了应对因失业或身体不适而收入暂时中断的情况,还要预留出可以支付随后几个月生活开支的备用资金。我建议人们决定贷款金额时,要同时满足以下条件:

1. 每月需支付的贷款本息最好不要超过实际平均收入(除去所得税、社会保险等后的收入)的30%。

2. 每月需支付的贷款本息最好不要超过无负债时每月可储蓄金额的50%。即每月偿还贷款本息后要能够继续储蓄无负债时存款金额的一半以上。

例如,每月的实际平均收入是1.8万元,储蓄6 000元,可以按如下方法决定贷款本息支付金额。

1. 不超过1.8万元的30%,即5 400元。
2. 不超过6 000元的50%,即3 000元。

同时满足这两个条件的金额是3 000元。因此,每月所支付的贷款本息不要超过3 000元。另外,如果有其他种类的贷款,也要包含在其中一起计算。

一个双职工家庭由于抚养子女等问题，随时可能转变为单职工家庭，前面讲的两个条件就以主要收入源的收入计算。如果按双职工家庭收入决定贷款本息后，突然转变为单职工家庭，就会由于偿还负担太大而感到吃力。最终，为了偿还债务，夫妻双方不得不继续工作。

如果双职工家庭中再过3年或5年就有人退休，就要积攒比我在前面讲的还要多的贷款本息金额。同时，要在夫妻二人都有收入期间最大限度地储蓄。当储蓄到一定金额时，立即偿还部分本金，以减少此后每月需支付的贷款本息。

如果夫妻二人在偿还贷款的大部分时期都在工作，于是计划按双职工收入决定贷款本息支付金额，那么，我建议你的贷款本息支付金额也要低于我在前面讲的标准，因为还要考虑其他预想不到的因素的影响。

因为支付过多的贷款本息而完全不能储蓄，是不明智的。也许有人会认为，偿还住房贷款和储蓄没有什么不同，但**还债和储蓄是完全不同的。前者是为别人投资，后者是为自己投资。**

买房不是人生的唯一目的，子女的教育资金、养老资金等也需要长期投资。居住的房子再怎么涨价，在出售之前也只不过是押着钱的房子而已。如果完全没有储蓄，就相当于把所有的钱全部投资到房地产。即使从分散投资的角度看，也要继续增加金融

第 4 章　让银行的钱为我所用

资产的比重。而且，当金融资产积累起来成为一大笔钱时，可能需要重新调整未来的支出计划。因此，综合以上理由，中途适当地偿还部分负债可能会更好。

已经贷款买房的人，通过计算，如果发现现在支付的贷款本息超过上面提到的金额，就要降低贷款本息，每当存够一笔钱时都要部分偿还本金。如果完全没有余钱可以用来储蓄，甚至有时为了支付贷款本息还需要借钱的话，就有必要好好思考一下是否要卖掉现在的房子，买便宜一点的房子。这样的房子不是"自己的房子"，而是高价的"月租房"。住在高价的月租房里，还不如搬到传贳房。

关于 LTV，贷款本金最好不要超过房价的 40%。

例如，购买 180 万元的公寓，住房贷款要控制在房价的 40% 即 72 万元以内。如果以 7% 的固定利率借 72 万元并按本息均分方式偿还，根据贷款年限，每月大约需要支付 8 340 元（年限 10 年，总利息 28.2 万元）或 6 480 元（年限 15 年，总利息 44.4 万元）或 5 580 元（年限 20 年，总利息 61.8 万元）。即使是相同的利率，贷款年限越长，每月需偿还的本息就会越少，但整个偿还期间累计支付的利息就会变多。根据贷款年限，金融公司适用的利率也会有所差异。

按这种方式计算 LTV 和 DTI 后，最终决定贷款的金额和贷款年限。如果 LTV 过高，DTI 自然也会变高，这就会产生问题。而其中最大的问题会在房价下跌的时候出现。

假设贷款 120 万元购买了 180 万元的房子，如果以后房价跌到 120 万元以下，就会发生贷款超过房价的情况。这时，房子早就丧失了投资价值，变成了只会产生费用的商品，即使卖房也无法偿还剩下的贷款。在这种情况下，谈论自己的房子所能提供的舒适感是需要多么大的勇气的一件事。这件事情目前来看似乎难以想象，但如果今后房地产市场长期下行，就会发生这种情况。

实际上，日本在 20 世纪 80 年代后半期，看似永远直线上升的房价突然暴跌，1990 年后再次暴跌，跌至之前价格的一半以下，20 年后还没有恢复的迹象。这次房价暴跌的结果是：很多人破产或继续偿还超过房价的住房贷款。

近年，韩国也有迹象表明可能会出现此类情况。由于公寓数量的微量增长，很多房地产公司和金融公司竞争的项目融资出现泡沫，为房地产市场埋下了定时炸弹。因此，利用过多的贷款来购房并不见得是明智之举。

不过，对于高收入人群，即使到目前为止积攒的钱不是很多，也可以考虑比 40% 更高的 LTV。因为比起低收入人群，高收入人群可以更快偿还贷款本金。

如果你看中了一套房子，非常喜欢，无论贷多少款都一定要

第 4 章 让银行的钱为我所用

买下来,那就要做好充分的思想准备。在贷款本金偿还至一定水平之前,需要拼命地节约、储蓄、还款。如果没有这种心理准备,有一天房子就会成为绑住你手脚的锁链。

美国的次贷危机就是过低的 LTV 和伴随而来的低 DTI、利率上升与经济停滞等状况不相符合的结果。美国的金融公司为了竞争,发放的贷款甚至比房价还要高。现在很多美国人过着每月支付完住房贷款本息后就没有余钱,甚至借钱还贷的生活。在这个过程中,由于利率上升、失业、收入减少等原因,很多人无法承受贷款本息的重负而被金融公司强制收走了房产。而面临这个问题的,不仅有非优良住房贷款者,也有用过多的贷款买房的人。

一旦你掉进水里,水漫到了脖子,每当水稍微晃动,你就要屏住呼吸,而且只要水位稍微上涨,你就有可能失去性命。为了防备这种情况发生,认真学习游泳技能很重要,不让自己掉进水中更重要。贷款买房也是这个道理。

财智观 💰

买房的实践方法和技巧

最近,我的一位学员到处筹钱准备在深圳买房,这让我有些奇怪。因为不久前,我刚刚同他一起算过一笔账:按照他目前的情况,租房比买房要划算。当再次见到他的时候,我问他决定买房的原因。他说:"毛老师,您给我算的账我觉得都对。虽然账是这么算的,可是没房我这心里不踏实啊!"

当他这样说的时候,我也很理解。中国人是最讲究"情理"的,并且"情"字排在"理"字的前面。房子对于我们来说,不仅仅只是一种投资产品,还承载着更多的精神上的需求。它是一个安身立命之所,是社会地位、身份的外在象征,是安全、保障的代名词。

在这一章中,作者介绍了不少富有实践性的买房方法和技巧。此外,作者还在本章中将资产分为优质资产和劣质资产,我将个人资产分为生息资产和自用资产。生息资产是能够给你带来投资收益的资产，自用资产就是你自己消耗的资产。我举个例子来说明这个问题。

比如，一个上海人和一个顺德人在居住地各自购买了一套一模一样的 100 平方米的房子，但上海的房价是每平方米 10 万元，顺德的房价是 40 000 元/平方米。假设上海人和顺德人都拥有 1 050 万元的资产，但是上海人扣除 1 000 万元的自用资产后，实际只拥有 50 万元可以用于投资的生息资产，而顺德人扣除 400 万元的自用资产后，还拥有 650 万元的生息资产。虽然两个人拥有同样金额的资产，但很明显，顺德人才是我们所理解的有钱人，因为他拥有较多的生息资产，而生息资产会给他带来更多的投资收益。

第 5 章

投资理财，
"小钱"终将变"大钱"

就像每个人都有自己的心电图一样，每个人也都有自己财富的密码。这个财富的密码就是你一生当中能够创造多少财富、能够实现什么样的人生目标。或者说，有多少人生目标需要你用多少财富去满足，这就是你需要规划的事。

4개의 통장

—— 戴维·M. 达斯特 ——

享誉全球的资产配置大师、摩根士丹利创始人兼首任CEO、被誉为"华尔街资产配置风险控制大师"。畅销书《巴菲特资产配置法》作者。

4개의 통장 FOUR BANK ACCOUNTS

以前只有富人和聪明人才能进行资产配置,

但现在每个人都可以轻松做到。

让你的资产配置为你服务,

这不仅可以帮助你实现人生目标,

而且能抚平投资成功之路上的颠簸。

第 5 章 投资理财,"小钱"终将变"大钱"

不必攀比,盯紧自己的投资目标

想要成为有钱人,需要充分地储蓄和不断地进行复利投资。

我在前面强调过,要把复利投资看成投资行为本身。把本金产生的收益和本金一起反复(或继续)投资的行为就是复利投资。想要体验复利的魔法,需要足够长的时间。

很多人无法见识复利的魔法的主要原因是,总是东张西望或半途而废,最终未能坚持到最后。

这和龟兔赛跑故事中兔子输掉比赛的原因一样。兔子虽然跑得很快,但总是在途中边跑边停。信心满满的兔子还认为,自己即使不认真跑也一定能赢了乌龟。相反,乌龟虽然跑得很慢,但朝着目的地默默地执着地走。乌龟也觉得整个旅程很漫长,但它没有边走边停,也没有放弃,所以最终取得了胜利。

也可以把它比喻成马拉松比赛。马拉松比赛赛程很长，有人说马拉松是一场与自己的战争，如果没有耐力根本无法跑到终点。即使是很有耐力的人，假如以百米冲刺的速度飞奔，也会跑不到1千米就倒下。只有认清自己的体力，以适当的速度跑，才有可能跑完40千米以上的距离。

投资也要像跑马拉松一样。放下焦急的心情，保持与自己经济状况相匹配的消费水平，充分储蓄，并且长期坚持。如果刚刚积攒了一大笔钱，不要急于换车，或以其他方式花掉这笔钱，而是要不断地投资。如果这个月发了奖金或生意兴隆赚了更多的钱，不要花掉这笔钱去国外旅行，而要用这笔钱追加投资。当然，现在的生活与未来10年或20年的生活一样重要，所以也有必要充分满足自己和家人目前的生活需要。但是，如果延迟当下的消费欲望，现在支出的金额越少，以后获得的补偿就会越多。

在马拉松比赛中，我们没有必要一定获胜，所以也没有必要在和别人的攀比中，感到失落或骄傲，因为参加比赛的每个人的身体条件和目标都不一样。在投资这场马拉松比赛中，重要的不是战胜别人，而是战胜自己，跑完比赛。

在这一章中，我会详细介绍为了跑完投资这场马拉松比赛，一定要了解的投资原则和战略，再分析把钱适当分配到债券型金融产品和股票型金融产品的方法（以下把债券型金融产品称为"债券型",把股票型金融产品称为"股票型")。

用简单的方法投资简单的金融产品,是持续长期投资或终生投资的最佳方法。因此,大家应该先了解几种金融产品,再熟练掌握投资这些金融产品的方法。我建议你们一定要了解的金融产品有债券型的定期存款、零存整取存款、MMF 或 CMA、利息型的年金保险、股票型的基金、变额年金保险等。

除此之外,很多有用的金融产品。例如,有减税优惠的长期住房储蓄和年金储蓄,还有宜居生活资产信托(ELS)、精灵链(ELF)、Elders 股票(ELD)等金融衍生产品,后者如果应用得好,也都能够成为很好的金融产品。不仅如此,从长期投资角度来看,持有黄金或外汇也是一种好的投资方法。

如果你不是有钱人,从买房的那一刻起,就相当于把一半以上的资产投资在房地产上了。之后无论再怎么增加金融资产比率,这种现状也不会有根本性的改变。因此,在金融资产和房地产的投资比率达到 70∶30 之前,没有必要考虑投资房地产的问题。

保住本金的秘诀

如果要不断地复利投资,就要先制定投资原则然后再实践。如果自己没有原则和战略,就会效仿别人的方法投资,或轻易地投资自己不了解的产品。这种做法很难实现良好的预期。与马拉松比赛的选手一样，为了跑完比赛，要一直保持适合自己的速度；在投资的时候，制定一个能够长期适用的原则和战略非常重要。

原则是无论处在什么样的环境下都不可改变的规则，而战略可以根据投资目的或投资环境的变化而改变。对此，我强调要作"不损失的投资"，这也是我自己的投资原则。要做到这一点，需要同时考虑下面两个问题：

保住投资本金。

根据物价上涨率保住本金的价值。

在过去韩国的高利率时代，只投资银行的定期存款或零存整取存款，也可以实现上述两点。因此，以节约、储蓄作为投资战略就足够了。但情况在目前的低利率时代就不一样了。当下，为了实现"不损失的投资"，需要采用如下战略：

进行短期投资时，保住投资本金更重要。因此，要投资不会损失本金或投资风险小的债券型。

进行长期投资时，根据物价上涨率保住本金的价值更重要。因此，要投资虽然投资风险更大但预期收益更高的股票型。

第 5 章　投资理财，"小钱"终将变"大钱"

现在，我们来假设下面两种情况。

一、你现在有 6 万元，一年后你要用这笔钱支付追加的住房传贳金。如果把这笔钱投资于年税后收益率 4% 的一年定期存款，到期后可以得到 62 400 元。虽然不能期望高收益，但肯定能够负担追加的传贳金。

相反，如果投资股票型金融产品，就没有办法预测一年后可以拿到多少钱，因为没有办法预知未来股票价格的变动情况。股票价格每一天、每一秒都在变化，有时甚至一整年都在上涨，或一整年都在下跌。如果有收益还好，万一损失本金，就无法负担追加的传贳金。因此，在这种情况下，要投资可以保本的定期存款或像 MMF 那样损失本金风险很低的债券型。

二、你现在有 6 万元，而短期内不需要用这笔钱。这时的策略就不一样了。股票价格下跌后可能还会上涨，上涨后也可能还会下跌。投资期间可能由于股票价格下跌而亏损，但可以等到股票价格上涨，收回本金再产生收益；相反，如果股票价格上涨获利，在适当的时候可以中断投资回收资金。虽然无法控制股票价格的变动，但投资期限越长，获得这种选择（或决定），所以最终可以在一定程度上管理投资风险。

因此，在这种情况下，为了得到比存款利息更高的收益，可以考虑投资股票型。

上面是以一次性投资一大笔钱的情况为例，但追加式投资的情况也和上面相同。不要以为每月像零存整取存款一样向股票型金融产品追加一定的钱，其稳定性就和零存整取存款一样。追加式投资的收益比零存整取存款高。虽然追加式投资大大减小了投资风险，但风险并没有完全消失。如果最终卖出的股票价格低于每月平均买进的股票价格，一样会产生损失。因此，进行追加式投资的时候，也要做好只有等到股票价格上涨才可以获得收益的打算，长期投资。

> 长远来看，通货膨胀是削弱财富内在价值的最大外部因素。它不仅会降低投资者手中金融资产的购买力，还会导致利率水平上升，从而使投资者手中固定收益证券的价格下跌。

不同的投资期限所要承担的投资风险不同，因此，要先考虑好投资期限，再决定是投资债券型还是股票型。为了做到这一点，在投资之前，要先审核今后的支出计划等，再制定投资战略。

如果近期内需要支出很多钱，就增加债券型的投资比重，不然就增加股票型的投资比重。像这样，设定债券型和股票型的投资比率后，长期保持这一比率的战略被称为"资产分配战略"。投资期间，也许会出现意想不到的事情而需要一次性支出很多钱，所以要充分预留备用资金。

至于按什么标准将投资期限划分为短期或长期，并没有绝对尺度。以1年或3年等特定时间为标准，决定投资债券型还是股票型仅仅是一种参考坐标。因此，不要为这类问题费心，而要按投资目的把资金分为准备子女上大学资金、准备养老资金、准备住房资金等，再按每种目的适当分配资产进行投资。

知识点

股票的平均买进价格

在投资股票的时候，大多数人最大的忧虑是"不知道什么时候买进，什么时候卖出"。再好的企业股票，如果卖出的价格低于买进的价格，也会亏损。谁都知道，在股票价格低的时候买进、高的时候卖出才能获利，但抓准这一时机却非常困难。因此，不要白费力气想要抓准买卖时机，而是要采用"在股票价格低的时候多买进，股票价格高的时候少买进，降低平均买进价格"的策略。

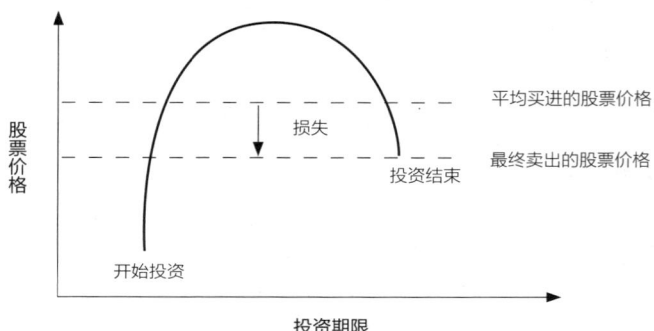

图 5.1 追加式投资亏损的情况

注：即使投资结束时的股票价格高于开始投资时的股票价格，也可能会产生损失。

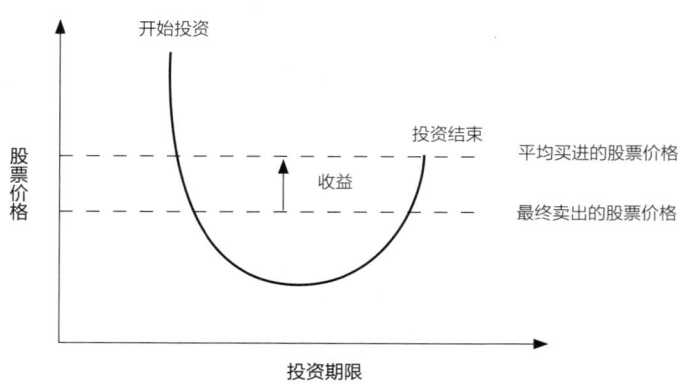

图 5.2 追加式投资获利的情况

注：即使投资结束时的股票价格低于投资开始时的股票价格，也可能会获得收益。

第 5 章　投资理财，"小钱"终将变"大钱"

例如，假设不是一次性投资 180 元，而是每次投资 60 元，分 3 次投资。如果股票价格是 0.3 元，60 元可以买 200 股；如果股票价格是 0.6 元，用同样的钱可以买 100 股；如果股票价格是 1.2 元，只能买 50 股。即：

○ 股票价格 0.3 元时，可以买进 200 股
○ 股票价格 0.6 元时，可以买进 100 股
○ 股票价格 1.2 元时，可以买进 50 股

最好的投资选择是当股票价格 0.3 元时，将 180 元全部一次性投资买入，在股票价格 1.2 元时全部卖出。但如果不小心，也会发生在 1.2 元时全部投资，在 0.3 元时卖出的不幸事件。如果在 0.3 元、0.6 元、1.2 元时每次追加式投资 60 元，总投资 180 元，可以买进 350 股，相当于每股用 0.5 元买进。0.5 元就是平均买进的股票价格。

因此，最终卖出时的股票价格如果是 1.2 元，获得的收益虽然没有 0.3 元买进、1.2 元卖出时所获得的收益多，但相当于 0.5 元买进的股票以 1.2 元卖出，每股收益 0.7 元。反之，如果最终卖出时的股票价格是 0.3 元，每股的亏损是 0.2 元，这比 1.2 元买进、0.3 元卖出的亏损（0.9 元）小很多。这种

现象常常被称为"平均成本的效果"。

你究竟为了什么而投资？

每个人在这个世界上的生存方式都不一样，但在人生这一幅绵长的画卷当中，底色却大致相似。

出生、成长、受教育、就业、结婚、生孩子、买房、教育子女、子女结婚、退休、最后再回归大地，这就是人生。除了那些从事宗教圣职的人会有特殊的人生经历以外，大部分人都大致要经历这一过程，只是在经历以上事件的时间先后上存在差异。当然，有些人可能没有子女或由于其他情况过着不同的生活，但人生的过程并没有太大的差异。

在我们的一生中，大量用钱的阶段大致有 5 个，如果不事先准备好资金，就会觉得困难重重。

○ 结婚的时候

○ 买房的时候

○ 子女上大学的时候

○ 子女结婚的时候

○ 退休后

第 5 章　投资理财,"小钱"终将变"大钱"

因此,最重要的投资目的也分为 5 种。

○ 准备结婚资金

○ 准备住房资金(含住房贷款的偿还)

○ 准备子女上大学资金

○ 准备子女结婚资金

○ 准备养老资金

人总是倾向于只考虑眼前的事情。未婚的时候,主要专注于结婚资金问题;结婚后,主要专注于买房。买房后,专注于偿还住房贷款。5 年或 10 年偿还了所有的住房贷款后,就到了子女上大学的时候。但在此之前已经消费了很多,而且为了不落后于别人也支出了很多子女的家教费,钱已所剩无几,所以通常到了子女大学毕业的时候,才开始担忧养老。如果等子女结婚后卖掉房子的话,由于原本拥有的资产并不是很多,养老就成了现实的问题。与此同时,又想卖掉房子准备养老金或提取住房年金生活,又舍不得离开已有感情的房子,或许又觉得应该把房产留给子女,不免左右为难。最终只能一边自我安慰"什么都不做对健康没有一点好处",一边为了赚点小钱再就业。但是如果已经有病在身,这也很难做到。事实上,很多人都是这样过一辈子的,就像刚解决一道数学难题，就要解决下一道更难的数学难题一样。

> 子女教育规划与养老规划的原则，是在保证本金安全的前提下适度寻求收益。因此我们要构建一个中长期的投资组合，它既要能够抵御通胀，又要有一定的强制性。

人总是专注于眼前，不怎么考虑未来，这似乎很正确。如果房子着火了，只有一边扑灭眼前的火，一边向外走，才可以活着走出房子。但问题是，人生的火，无论怎么扑，前面都会有一场更大的火挡着路。因此，很多人都感到慌张。

在前面所讲的5种投资目的中，最重要的是哪些呢？如果没有事先准备好，随着时间流逝，让你痛苦的问题会是哪些呢？我认为是准备子女上大学资金和养老资金。

如果结婚资金不够，可以简化结婚仪式，也可以在半地下月租房开始新婚生活。如果没有准备住房资金，也只不过会由于一辈子没有自己的房子而感到不方便和悲伤，但不会成为影响生计的大问题。但是，如果由于没有为子女准备上大学资金而让他们失去接受高等教育的机会，或由于没有准备养老资金，不能为已经退休的自己留一点点余地，那就会成为比较严重的问题。

虽不能说大学教育决定子女的未来，但能够对他们的人生

第 5 章 投资理财，"小钱"终将变"大钱"

产生很大影响却是不争的事实。现在已不再是毕业于某个乡村小学后，只身来到首尔就能够创造成功的时代。如果世代贫穷，那么改变这种现状的最好的方法，就是接受高等教育，用知识改变命运。

无论经济上再怎么困难，作为父母，只要有坚强的意志，就能够让子女高中毕业。但是在韩国大学教育每年需要 6 万元，所以，要送子女上大学，光靠意志没有钱是很难做到的。

不能得到父母充分的经济资助的大学生更热衷于赚钱，甚至会上传销公司的当，或掉进高利贷陷阱……这些都是沉痛的现实。

如果子女想上大学，大学毕业后想继续深造，那么，为子女提供最大限度的资助就是每个父母共同的心愿。但如果等到了那个时候才想到要解决所有的问题，就会觉得非常吃力。所以，从现在开始着手准备，一点点累积才是明智的做法。

人老了却毫无积蓄也是致命的问题，因为要在没有收入的情况下维持原有的生活水平会异常艰难。和退休之前相比，退休后或许可以减少一些生活支出，但由于医疗费用可能会有所增加，很可能需要花费比退休前更多的钱。另外，人的寿命是无法预测或人为决定的，钱也不知道何时会见底，这更让人感到不安。

正因为这样，在这个平均寿命越来越长的时代，不少人认为没有为养老作准备无异于灾难。尤其是女性，由于与配偶之间的年龄差和平均寿命较长等原因,可能要独自生活至少 10 年以上,养老问题比男性更为严重。

父母可以完全靠子女赡养的时代已经结束了。韩国统计厅公布的数据显示,在 60 岁以上的韩国老年人中,仅 2006 年一年就有 4 644 位老年人自杀,相当于平均每天有超过 12 位老年人结束了自己的生命。而且,老年人的自杀率仍在迅速增长。调查表明,老年人自杀的主要原因是贫穷、疾病、孤独、忧郁症、不想成为子女的包袱等,这真是一件让人战栗的事情。

你认为这些老年人当中,是由于年轻时的荒唐、懒惰而最终导致这种下场的人有多少呢?他们年轻时不也像现在的年轻人一样,拥有很多梦想,每一天都非常认真努力地生活吗?贫穷的老人们异口同声地说:"抚养着孩子,认真地活了每一天,但不知为什么……"或"子女们的日子也不好过……"。

> 养老计划的重要性在于,30 年后你退休时,不仅要活着,而且要有尊严、有质量地生活。因此,为了自己将来的生活质量,你要在年富力强时尽早作打算。

如果你也像我一样,深刻地感受到现在的日子越来越不好过,那么你也要预料到,退休以后,你不仅可能得不到子女的赡养,反而有可能还要资助子女。外汇危机后有一个词语叫"白手父子"，意思是说父子俩都没有工作，父亲由于提前退休没有工作，而儿子由于失业也没有工作。这实在是一个令人心痛的词语。

准备子女上大学资金和养老资金是人生当中最重要的事情，但因为这是人生的后半阶段才需要面对的问题，所以并没有得到人们足够的重视。现在给子女买漂亮的衣服、买好玩的玩具、给很多的零花钱会让子女感到富足，但不如把这些费用节省下来，为准备子女教育费开一个基金账户。或者，与其现在由于支出了过多的子女教育费，而在老了以后成为子女的包袱，还不如减轻一点这方面的负担，为自己的养老多投资一点。

正确的基金，如何挑选

每月储蓄至少 10% 的可存金额，如果可以长期投资，就投资股票型基金。建议你长期购买股票，每月追加式投资。如果距离子女上大学的时间还有 10 年以上，投资变额万能寿险也是一个不错的选择。但是如果不想承担投资风险或距离子女上大学的时间不到 3 年，就要投资债券型基金；如果一定要投资股票型基金，就要把投资金额的一半以上分散投资到能够保本的零存整取存款或风险相对小的债券型基金等。

股票型基金的种类

股票型基金可以分为主动型基金和指数型基金两大类。主动型基金是基金经理认真寻找的股票价格可能会上涨或能够获得高红利的股票组成的基金。指数型基金是和 KOSPI200 指数一样,根据市价总额比重买进构成特定指数的股票,基金的收益率取决于相应指数的变化。因为这种差异,指数型基金也常常被称为"被动型基金"。投资者支付的各种费用中,主动型基金高于指数型基金。

例如,假设韩国上市企业股票只有 A、B、C 3 种。那么综合股票价格指数根据这 3 种股票价格的变化,可能上涨,也可能下跌。假设组成整个股票市场的 3 种股票市价总额的比重是 A∶B∶C = 50∶30∶20。主动型基金的基金经理不管每种股票的市价总额比重,只要认为哪种股票价格低就买进,等到价格上涨的时候就卖出。相反,指数型基金的基金经理会根据市价总额比重分别买进 A 种类 50 股,B 种类 30 股,C 种类 20 股,再长期持有,得到和综合股票价格指数的收益率相同的收益率。这样的指数型基金被称为"完全复制型指数型基金"。

韩国的指数型基金是由所有上市股票中所占市价总额比重较高的 200 个种类构成的,其中直追 KOSPI200 指数的指数型基金形成主流,比起完全复制型指数型基金,大部分指数型基金是在

KOSPI200指数尤其是市价总额比重高的种类中按行业买进组成投资组合,用一部分资金通过指数派生商品交易等获得比指数收益率更高的收益率的(这样的指数型基金被称为增强型指数型基金)。也有能够像一般股票一样交易的基金,被称为交易型开放指数型基金(exchange traded fund,ETF)。ETF可以看成完全复制型指数型基金,直追KOSPI200指数,交易量最多。ETF在指数型基金中交易成本低廉,以现金的方式向投资者支付收益红利。

> 投资过程中存在代理风险,一些投资者会因为轻信证券、保险和房地产等经纪人的花言巧语而投资失当。更可怕的是,有些代理风险完全是隐性的,比如高成本、低收益的共同基金,它们时时刻刻都在盘剥着无知的投资者。

站在投资者的立场,对于投资主动型基金有利还是投资指数型基金有利,有很多不同的意见,但由于基金市场规模越大,股票市场的流通越好,从长期的角度看指数型基金更有利。举一个真实的例子,1970年,世界最早的共同型指数型基金——美国"先锋500指数基金"(Vanguard 500 Index Fund)首次亮相,当时并没有受到人们的关注,但现在已经成长为世界上最大的共同基金。而且现在很多美国人认为,从长期来看,主动型基金很难取得比指数型基金更高的收益率，其原因大致如下：

第一，美国一半以上的股票交易是在基金经理之间形成的，即基金市场就是股票市场。基金经理之间买卖股票，像打扑克一样，轮流出牌。在牌场内输钱的人比赢钱的人更多，但是在牌场内也有不仅不输钱反而一定赚钱的人，那就是出借场地在旁边观看的场地主人。指数型基金投资者也像场地主人一样能不费力气地获得股票市场的平均收益率。

第二，主动型基金比起指数型基金要支付更多的投资费用，所以很难超过指数型基金的收益率。

最近，在韩国也发生了与此类似的现象。

据 Zero in 发表的 2007 年调查资料，在韩国，一年内产生了比标准指数更高收益率的股票型基金占比 24%，连续 2 年收益率比标准指数更高的股票型基金占比 20%。换句话说，80% 的股票型基金的收益率比标准指数低。而连续 3 年获得比标准指数更高收益率的股票型基金的占比在 1% 左右。当然，随着调查时间不同，其结果可能也会有所不同，而且仅凭这个资料也很难下结论说指数型基金比其他股票型基金更加优秀，但是很多股票型资金每年收取总投资金额的 2%～4% 的费用（即使亏损也会收取），收益却并不比什么都不做时更好。这一事实正好可以警告投资者，在选择基金的时候要慎重考虑。

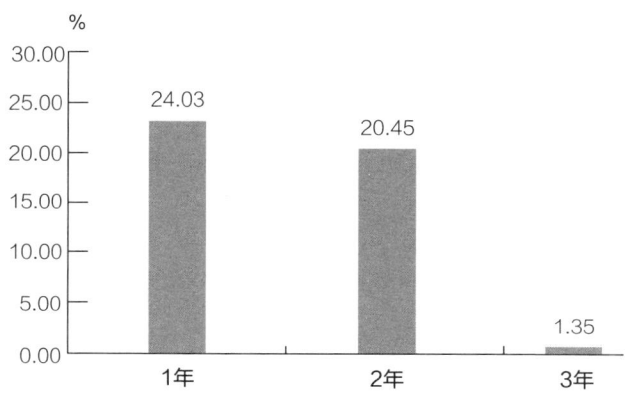

图 5.3 连续超过标准指数的成长型基金的比率

出处：Zero in "Index 基金"，高永浩基金分析师
注：标准指数 =KOSPI200× 股票编入费 ×0.9 +（1 − 0.9× 股票编入费）×CD 利息

股票型基金的选择

选择基金的时候，需要考虑的因素很多，但是我们很难通过自己的知识储备分析和甄别数千只基金。因此，我认为利用基金评估公司提供的信息决定投资哪只基金是最简单的。如果你认为自己可以比那些一年 365 天分析基金、排序的专家们更能够选出好的基金，也可以按自己的想法去做。

现在使用人数最多的基金评估公司是基金博士（Fund Doctor），此外还有基金地带（Fund Zone）、晨星韩国（Morning

Star Korea）等。虽然购买相关书籍学习基金知识也不错，但利用一天或是一周的时间访问基金评估公司的网站，可能会更有帮助。

访问基金评估公司的网站时，可以看到根据投资对象、投资地区、经营方式等划分的基金的种类，按类型发布的基金的收益率顺序和等级等。选择基金的时候，把等级放在收益率之前考虑可能会更好一些。每个公司划分等级的方式略有不同，但好基金无论到哪里都能得到好的评价。此时的等级是按照"风险调整收益率"划分的。

例如，假设基金 A 和基金 B 在前一年同样获得了 10% 的收益率。但投资基金 A 时所要承担的风险是 100，投资基金 B 时所要承担的风险是 50，那投资风险更小的基金 B 肯定是更好的选择。风险调整收益率是指同时考虑过去的经营收益率和投资风险所计算出的收益率。因此，从基金评估公司了解到等级优秀的基金，再比较过去的收益率和成本费用等之后，选择喜欢的基金投资就可以了。虽然过去的成功不能成为未来成功的保障，但由于无法预测未来的收益而参考过去的成绩从而决定投资方案依然是最佳的选择。

比较基金之间的成果时要比较类型相似的基金。比如投资三星电子或浦项制铁公司等市价总额比重高的大型股份基金与投资中小型企业的中小型股份基金，就不能用同样的标准比较。大型股份基金和其他大型股份基金比较，中小型股份基金和其他中小型股份基金比较才是合理的，而且还要和综合股票价格指数的收益率进行比较。综合股票价格指数或 KOSPI200 指数的收益率是评价基金表现的非常重要的标准。整个股票市场（综合股票价格指数）下跌时，获得高收益是很难的，只有特定股票型基金能够做到这一点。但是股票市场上涨时也有股票型基金跌到最低点。占有市价总额比重大的几个种类的综合股票价格指数也可能大幅度涨跌，所以将它的收益与集中投资特定行业的基金或中小型股票基金的收益进行比较是不恰当的。

如果只投资一只基金不放心，为了降低投资风险可以分散投资 2～3 只基金。这时建议你尽可能不要投资一家资产经营公司的基金，而是分散投资于不同的资产经营公司。不是分散基金，而是分散委托资产经营公司。这并不是说分散投资到多只基金就一定好，因为只投资一只基金就相当于已经分散投资到很多种类的股票，所以如果分散投资几只基金，需要费心的事情就会变得很多，那还不如只投资追赶 KOSPI200 指数的指数型基金。

如果你想要长期投资，建议尽可能投资主要由优良股组成的大型股份基金。但是如果想投资中小型股份或集中投资特定行业的基金，建议你将投资比重控制在 20% 以下。投资这一类基金比只投资大型股份基金可以获得更高一点的收益，但相对的投资风险也大，所以也会发生与预期相反的情况。

投资海外基金，其目的就是把只投资国内股票时可能发生的投资风险分散到海外。尤其是投资中国、印度、俄罗斯等常常被称为"新兴市场"的国家的时候，应该像曾经的BRICS基金一样分散投资多个国家，把钱集中投资特定国家是不可取的。

在投资海外基金之前，先要考虑一个问题。如果你通过基金投资三星电子，相当于投资到三星电子出口全世界各地的电子产品市场。如果你投资现代汽车，也相当于投资全世界的汽车市场。所以，抛弃只有投资海外基金才可以投资海外的错误想法吧。如果想投资一次都没去过的国家的股票，就要先仔细了解一下那个国家在哪里，使用什么样的语言，国家经济的主导产业是什么，政治稳定性怎么样等。即使是自然资源丰富或成长潜力很大的国家，如果其资本市场不景气或政局动荡，就要更加慎重决定。最近世界各国的经济相互影响，各国股票价格也明显呈现出一种涨跌相互关联的走势。凭借这一点，我认为想要投资海外基金，充分分散风险也显得越来越难了。

股票市场景气的时候，很多人习惯不咨询就买入。其实，**了解多少就投资多少，投资多少就期望多少，是保住并增加自己资产的最好的方法**。

选择基金的时候，最好避开刚推出的基金。比起选择类型相似的基金，选择在一定时期内一直上涨的基金才是正确的做法。虽然过去的成绩不能保证未来的成绩，但就像之前学习好的学生要比之前学习不好的学生追赶上来的可能性更大一样，在一定时期内取得好成绩的基金经理以后比其他基金经理成绩好的可能性也会更大。

很多人都认为金融公司推出一款新基金后，会为了取得好的收益率全力以赴，所以值得投资。但投资收益不会因金融公司尽全力就上升。有不少基金在金融公司强力推上市场后，让购买的客户和推荐投资的职员感到筋疲力尽，而包括股票型基金在内的数千只基金中，不到一年就被放弃或消失的也不计其数。我认为**投资者没有必要参与到金融公司的试验项目之中。**

一旦选择了基金，就要相信基金经理或基金经营组，并且至少要投资3年左右。如果总是从这个基金换到那个基金，还不如直接买股票。

此外，还要定期关注基金经理或基金经营组的变动，并与类型相似的其他基金作比较。当与类型相似的其他基金相比，有更长的低收益期，就要慎重考虑是否换成其他基金。像这样的检查一年内要做一两次，或根据资产经营报告的发行周期3个月做一次。

股票型基金的费用

投资基金的时候，所要支付的费用有销售手续费、基金佣金和投资后在一定期限前从基金账户中撤出资金时需要收取一部分收益的手续费等。此外，基金经理买卖股票时发生的各种交易费用也要由基金投资者承担。

销售手续费是在投资者委托投资公司后、投资基金之前扣除的一定比率的费用，或在最后赎回的时候，在赎回金额中扣除的一定比率的费用。而基金佣金是在基金总额之中扣除一定比率的费用，再通过标准价格调整让所有投资者承担。假设投资者投资6 000元，销售手续费为1%，基金佣金为1.5%，则先扣除1%，即60元的销售手续费，再把5 940元投资到基金。投资到基金的钱无论是获利还是亏损，都会上交年1.5%的基金佣金。因此，每天的基金的标准价格可以当作扣除基金佣金后，最终适用于投资者的股票价格。没有销售手续费的基金以销售佣金的名义收取费用，也有不少基金在收取销售手续费的同时收取销售佣金。

在费用方面，长期投资时，选择不收取或收取较少的销售佣金，或先收取销售手续费的基金对投资者更有利。因为先收取的销售手续费只会在开始投资时一次性扣除，销售佣金在投资期间每年都会扣除，所以投资的钱越多，收益越多，持续支付的费用也会越多。

投资基金的时候，也有很多投资者选择费用附加方式的基金，这类基金被称为"多种类基金"。同样的基金，根据销售手续费是以先收取的方式支付还是以销售佣金的方式支付，在基金的名字后面加上 A、C 等。因此，只要审核自己的投资计划后，再选择以什么方式支付费用就可以了。

不管基金的费用是多是少、以什么方式收取，只要能够向投资者提供相应的服务，能够获得比其他基金更多的收益，费用就不成问题。但实际情况并不一定都是这样，所以费用也成为选择基金时的重要标准。

变额万能寿险

变额万能寿险是一种先收取昂贵销售手续费的股票型基金。如果每月投资 6 000 元到变额万能寿险，其中 600 元以费用的形式扣除，剩下 5 400 元投资到基金中。但是先收取的费用不仅是销售手续费，还是投保人死亡后死亡给付的财源，所以和先收取销售手续费的股票型基金性质不同。而且参加变额万能寿险可以选择一次性赎回，也可以在退休后转换为年金、终身领取。即变额万能寿险同时具有"基金投资（免税）+死亡给付+终身年金"3 种功能。因此，单纯地只比较股票型基金的资金、费用或收益率是很不合理的。

变额万能寿险的钱投资到基金后，扣除的基金佣金的比率低于一般的股票型基金，而且10年后在已缴付的保险费中先收取的费用也会减少，所以除去所有费用后得到的实际收益率可能比名义上相同收益率的股票型基金还要高。

此外，变额万能寿险还可以在债券型基金、混合型基金、指数型基金、海外基金等各种基金商品间进行选择和变更。但是至少要持续缴付10年以上，才可以充分享受这些权利。而且无论收益率再怎么高，如果提前解除保险，可能无法退还本金。如果投保后在一定期限（目前规定是10年）以内解除保险，还要交纳利息所得税。

所以在投保之前要慎重考虑后再作决定。如果只考虑短期投资收益，投保后觉得很难维持10年以上，最好不要投资。变额万能寿险义务缴付期限过了之后，可以中止缴付，也可以提取现金，但经常使用这种功能，会给最终投资收益带来不好的影响。

因此，参加变额万能寿险的目的，一般只是准备养老资金和子女上大学资金等。而且，变额万能寿险具有"定期保险＋基金"的性质，因此投保人死亡后，受益人能得到"死亡保险金＋投资累计金"，所以适合作为防备早期死亡的终身保险或定期保险的替代品。

第 5 章 投资理财,"小钱"终将变"大钱"

30 年后,你拿什么养活自己?

养老资金的投资应至少占每月可存金额的 20%。这个比重之所以比子女上大学资金的比重还大,是因为子女的教育可能在你有工作有收入的时候结束,但退休生活是在没有收入之后才开始,到死亡之前不会结束。所以,为养老准备更多的钱是理所当然的事情。

不要无节制地在子女教育方面投资。子女教育和养老计划在目标时间上比较接近,因此,家庭需要在子女教育计划和养老计划之间寻求平衡,在为子女教育投资的同时,也不要忘了自己的养老计划。

事实上,为了充分准备养老资金,至少要投资每月可存金额的 20%。这是一定要遵守的最小比率。

根据所处情况,养老资金的比率可能会变。如果你是独身主义者,或因为某种原因在老年时很可能只身一人,那就把每月 30% 以上的可存金额投资到养老资金,这是最小比率。因为你的养老负担比起其他人可能会更沉重。如果你已经过了四十五六岁,就要把养老问题当成现实紧迫的问题。但是此时恰巧正处于为子女教育支出大量金钱的时期,为了保持投资比率,需要你更加努力和用心。

养老资金可以长期计划投资,所以不仅要投资股票型,还要投资变额年金保险。如果不想承担投资风险,投资债券型的利息年金保险也不错。

> **退休后的生活资金主要来自三个方面:社会养老保险、商业保险年金和企业年金。对个人和家庭而言,想在退休时拥有足够的养老金,只有一个方法,那就是尽早为自己制订一份退休养老计划,最好今天就开始。**

变额年金保险是把缴付的保险费投资于基金的年金保险,这时基金具有股票和债券的混合型基金的性质。即使投资收益率不好损失了一些本金,只要坚持到年金可提取时期,保险公司就会支付以前期所缴付的保险费本金为标准计算的年金金额。这被称为"最低年金储备金保证制度"。简单地说,就是即使投资实绩不佳也能够保障本金。但保险公司每年会从基金收益中额外扣除手续费,而且如果在未到领取年金时间之前解除保险,就无法保障本金。

如果现在以准备养老资金为目的,正在投资其他种类的年金产品或可以转换成年金的储蓄性保险等,就没有必要将它们换成变额年金保险。因为想要换成年金产品,就要退还前期因减税而得到的优惠，或产生较多的成本费用导致本金损失。此时如果想通过投资其他产品来把这些已经支出的费用转成收益，需要非常长的时间。所以，从长远的角度来看，整合以前已经投资的产品后，再投资其他产品可能会更有利。但只有在充分审核且自己非常确信时，才可以作这样的决定。**世上并没有最好的金融产品，适合自己的投资计划和投资目的的金融产品就是最好的。**

在选择以准备养老资金为目的的金融产品时，有一个必须考虑的条件，那就是"是否可以领取终身年金"。终身年金与生存期无关，是把前期投资积攒的钱（缴付保险费＋领取年金之前的收益）分成年金给付给投资人，是人寿保险公司年金保险的传统功能。

人的寿命很难预测，所以退休后有钱用，死亡之前可以领取年金是非常重要的。就凭这一点，参加社会保险或公司年金等公共年金缴付的钱就丝毫不可惜。因为如果一定期限内持续缴付公共年金保险费，年老时领取终身年金，这时的年金金额被物价带动每年调整，也可以一定程度地规避物价上涨导致的年金实际价值贬值。因此，即使钱不多，如果长期投资变额年金保险，退休后能够领取终身年金，和公共年金给付的终身年金一起，就可以确保退休后生活所需的费用。

变额年金保险并不是把所有的钱全部投资到基金，所以要持续 10 年以上，才可以获得比费用更多的收益。因此，如果临近退休，或因为某种原因很难确保充分的投资期限，就要投资基金或零存整取等其他金融产品，用这样积攒下的钱一次性交齐年金保险，才可以领取终身年金。

我打算退休之前逐渐加大年金保险的投资比重，退休之后把自己的大部分资产以年金的形式保留。因为人老后判断力会下降，所以不想把资产以可以变更的形式拥有，即使钱不多，也要以定期的形态保留，这样会更安全。尤其参加年金保险后，一旦开始领取终身年金，谁都不能中途解除合约拿走解约退还金。因此，年老后，即使身边的人想向你借钱或想骗你的钱，你也可以保护自己的资产。领取年金有最短保证支付期间，所以如果我在此期间死亡，剩余期间的年金可以由我的妻子和女儿代我领取。像这样，通过我的努力，不用担心没有钱养老。

年金保险

年金保险可以分为提供减税优惠的"减税型年金保险"和虽然有减税优惠，但参保满一定时间（现行 10 年）就可以享受免税优惠的"免税年金保险"。

减税型年金保险常常被称为年金储蓄保险。在韩国，在 2000 年 12 月 31 日之前参加的，所缴纳的保险费可以获得 40% 的减税，年老后领取的年金金额可以免税（满 55 岁以后至少要领取 5 年以上年金才可以免税）。但是缴付期结束之前解除保险合同，或缴付期结束之后不是以年金的方式而是以一次性补贴方式领取的，就要缴纳利息所得税。

2001 年 1 月 1 日以后参加的减税型年金保险可以得到全额缴付保险费也可以减税，年老后领取的年金金额要缴纳年金所得税，含居民税在内现行 5.5%，由支付机关源泉扣缴（指以所得支付者为扣缴义务人，在每次向纳税人支付有关所得款项时，代为扣缴税款的做法），缴付期间享受减税的金额和利息要交税。从公共年金和退休年金中领取的年金金额合起来超过一定金额（现行 3.6 万元）时，和其他所得合算申报缴纳综合所得税。而且在缴付结束之前解除合同，或缴付结束之后不是以年金方式而是以一次性补贴方式领取的，领取金额需要交纳其他所得税（含居民税在内现行 22%，由支付机关源泉扣缴，缴付期间获得减税的金额和利息部分要交税，满 55 岁之后领取 5 年以上年金才可以免税）；若 5 年以内解除合约关系，每年缴付金额（现行 1.8 万元以内）的累计金额要交解除加算税（含居民税在内现行 2.2%）。

这样的规定不仅适用于年金储蓄保险，还同样适用于有减税优惠的银行年金信托和证券公司年金基金等。在韩国，从 2002 年开始，缴纳社会保险、公务员年金等公共年金年金保险费可以享受全额减税优惠。但 2001 年以后缴纳的部分，在领取年金时要缴纳年金所得税。相反，免税年金保险虽然不能享受减税优惠，参加后只要过了一定时间期限（现行 10 年），中途解约时，不仅是年金，连利息也不用交税。免税年金保险根据经营方式，可以分为利息型年金保险（利息带动型或利息确定型）和变额年金保险等，最近还销售结合衍生产品的年金保险。

年金保险到了领取年金的时候，就把前期投资积攒的钱（已交的保险费＋领取年金之前的收益）分割成年金，领取方式可以选择终身年金型、确定年金型、相续年金型等。选择终身年金型的，保险公司就支付终身年金；选择确定年金型的，就在支付 5 年、10 年、15 年、20 年等投保人指定期限的年金后终止合同；选择相续年金型的，就把到领取年金时为止所积攒的钱作为本金，只支付利息，本金在投保人死亡时给付给家人。如果以终身年金型领取年金，不可以中途解约；如果以确定年金型领取年金，在领取中途解约，可以以一次性补贴方式得到剩余期间的年金金额；如果中途解除相续年金型年金合约，可以以一次性补贴方式得到大部分本金（已交的保险费＋领取年金之前的收益）。

虽然不是年金保险，但也有很多期满或一定期限以后可以转换为年金并领取年金的储蓄性保险。差别就是年金保险以投保时的平均寿命计算终身年金支付金额，而可以转换为年金的储蓄性保险以年金转换时期的平均寿命来计算。因此，如果领取年金是最重要的目的，参加年金保险比购买可以转换为年金的储蓄性保险更有利。这是因为考虑到平均寿命延长的趋势（平均寿命越长，年金金额越少），把投保时的平均寿命用于年金金额计算，对投保者最有利。

投资的天平：一边是收益，一边是风险

在每月可存金额中，除了30%用来准备子女上大学的资金和养老资金，剩余的70%按"债券型：股票型＝50：50"的比率分配投资。以这个比率作为标准，是因为如果要维持投资风险和投资收益之间的平衡，这是最保险的比率。

试想一下从家里开车去公司上班的情况。如果车上没有刹车，只有油门，就不能安全地抵达目的地。途中要反复地踩刹车，才可以避开与前面车辆的冲撞，避开过人行道的行人。即刹车起到减少或消除开车时可能发生的事故的作用。而如果没有油门，只有刹车，可能连出发都成问题，抵达目的地更是根本不可能的事情。因此，只有交替地踩刹车和油门，才可以安全地抵达目的地。

把投资比喻成开车，债券型起刹车作用，股票型起油门作用。稳定性强的债券型起到减少投资股票型时的风险的作用，收益性

强的股票型则起到提高收益的作用。因此，保持"债券型：股票型＝50：50"的投资比率，可以适当保持投资风险和投资收益之间的平衡。以这个比率为标准，认为减少投资风险更重要的风险厌恶型投资者可以加大债券型的投资比重至60%、70%等，认为获得高收益更重要的风险偏好型投资者可以加大股票型的投资比重至60%、70%等。

这时需要注意的是，如果为准备子女上大学资金和养老资金把每月可存金额的30%优先投资了股票型，再把剩下的钱分成50：50投资债券型和股票型，所有股票型的投资比率就达到65%。因此，如果想提高股票型投资比重，要先考虑这一点后再决定。

如果1～2年内有买房的计划或有追加传贳金等需要近期大量用钱的计划，也要提高债券型投资比重，降低股票型的投资比重。因为用钱的期限越近，按时回收需要的钱就越比投资收益显得重要。如果需要用钱的时刻已逼近，而股票型投资比重大且股票价格正好大幅度下跌，筹集必要的资金就会更加困难。

这和开车抵达目的地时不再踩油门，慢慢踩刹车是一样的道理。就算投资股票型的钱处于亏损状态，这时也要放弃赢回本金的想法。如果不这样做，可能会产生更大的损失。

为准备子女上大学资金和养老资金而投资也是一样。当子女快要上大学或本人快要退休时，就要提高债券型投资比重，降低股票型投资比重，为到期的盈利作准备。

> 如果距离实现投资目标的时间还较远，你可以选择投资收益和风险相对较高的产品，因为时间可以平衡市场的波动。如果距离目标时间较近，你可以选择存款和中短期债券，以确保本金安全。距离目标时间越近，就越要提高资产的流动性。

尤其到了退休的时候或已经退休时，相比于收益性，要更重视稳定性。因此，在这种情况下，债券型的比重要保持在70%以上。具体做法如下。

每月的可存金额按"一年零存整取存款：股票型基金＝50∶50"的比率分配投资，现在持有的钱也要按"一年定期存款：股票型基金＝50∶50"的比率分配投资。在一年后零存整取到期日将本息再次投资定期存款的同时，制定新的期限继续投资零存整取存款。为此，尽可能统一定期存款和零存整取存款的到期日，这样更便于管理（不投资零存整取存款，每月定额存入MMF或CMA也是一个好方法）。投资到股票型基金的钱会逐渐多起来，所以除了调整投资比率外，也要用相同的方法每月继续投资。

每年反复这种投资行为，即用 1 年的时间存钱，1 年后把积攒的钱以钱滚钱的方式继续投资。

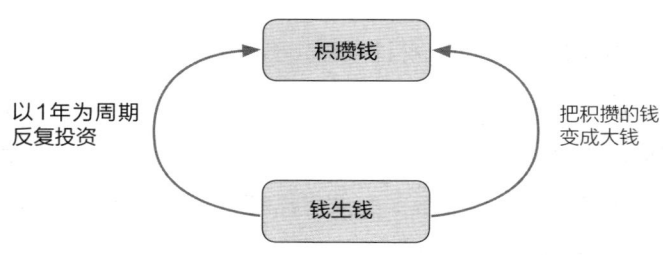

图 5.4　存钱，钱生钱，变大钱

这时需要注意的是，为了将积攒的钱变成大钱而再次投资定期存款之前，如果以后的 1 年内（定期存款下次到期日之前）需要花大量钱，就应该把到时需要的钱先转至 MMF 或 CMA。而且，在此之前，如果支出了很多备用资金，备用账户的余额不足，就要及时补充备用资金。不然，很可能会出现因急需用钱而中途提取定期存款或零存整取存款的问题。为了防止发生这样的情况，不要只开 1 个定期存款账户，至少开 2 个以上的账户，这样当发生意想不到的事情时，可以减少利息损失。

例如，把 12 万元存入 1 个定期存款账户，但突然急需 6 万元，由于不能部分解除定期存款，12 万元都得不到约定的利息。但是如果 12 万元分别存入 2 个定期存款账户，取用 1 个账户里的钱后，剩下的 1 个账户不会受到影响，所以只会产生 6 万元定期存款的利息损失。虽然也有可以部分解除或提取的定期存款，但如果到期之前可以提取，人就会产生需要钱的时候就动用这笔钱的想法。因此，一旦决定存钱，希望你能更重视所要达到的投资目的。

切勿盲目追求短期小利，关注长期收益

决定债券型和股票型的投资比率后，随着时间的流逝，这个比率自然会产生变化。因为债券型的资产价值变动幅度不大，而股票型的资产价值的变动幅度较大。所以，当股票价格上涨后，股票型的投资比重自然就增加了。相反，当股票价格下跌时，股票型的投资比重就会降低。

例如，从 2002 年初至 2004 年末，以"定期存款（1 年）：股票型基金 = 50∶50"的比率投资了 6 万元，到 2002 年末比率变成 54∶46，2003 年末比率变成 48∶52，2004 年末比率变成 47∶53（见表 5.1）。因此，**为了长期保持最初设定的投资比率，有必要定期把偏离的比率调整为 50∶50**。像这样，把偏离的比率调整为原来设定比率的行为，被称为"恢复投资组合平衡"。恢复投资组合平衡可以在股票价格上涨时，把股票型产生的部分收

益转投于安全的债券型；在股票价格下跌时，把投资到债券型的部分资金转投于股票型，等待下跌的股票价格回升后获得更高的收益（见图 5.5）。

表 5.1 从 2002 年开始，
以"定期存款：股票型基金 = 50 ：50"的比率投资 6 万元

类别	最初比率/%	2002年初/元	2002年末/元	2003年末/元	2004年末/元
定期存款	50	30 000	31 485	32 823	34 093
股票型基金	50	30 000	27 141	35 060	38 744

> 有两个因素会影响资产配置比例，一个是你的人生规划，另一个是经济周期。在调整投资比率时，要充分考虑这两个因素。

不过，如果恢复投资组合平衡太过频繁，在股票上涨时期就可能得不到充足的收益，而在股票下跌时期则会产生更多的损失，所以建议 1 年内只实施 1 ~ 2 次。

恢复投资组合平衡的目的，是保持一贯的资产分配战略，而不是为了短期的高收益。因此，一边预测股票市场前景，一边积极地调整投资比率的行为会增加投资风险，在此并不建议采取这种做法。而且,为了准备子女上大学资金和养老资金等投资的钱,不要作为恢复投资组合平衡的对象,要一直不断地投资。

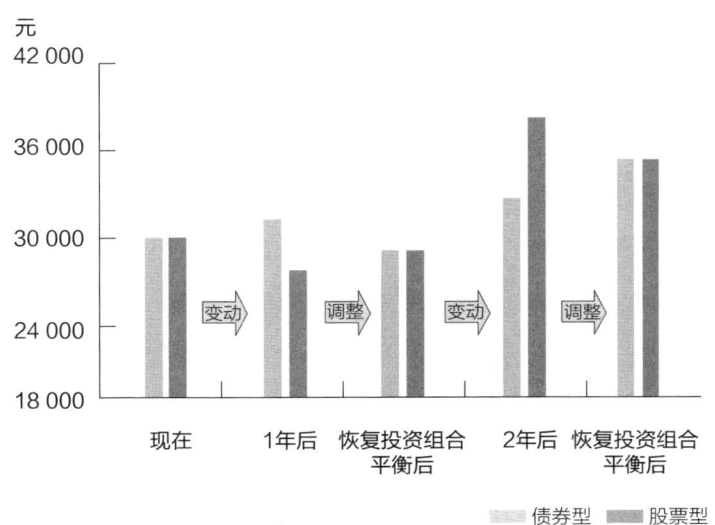

图 5.5　调整投资比例至债券型:股票型 = 50 : 50

调整投资比率,不仅可以恢复投资组合平衡,还可以变更投资比率。例如,最开始投资时设定投资比率为"债券型:股票型 = 50:50",但后来要变更为 60:40(或 70:30 等)的时候,就要调整投资比率。像这样需要变更投资比率的情况大致分为三种:

①短时间内需要回收大量资金的时候,可以加大债券型的投资比重。

②由于利率上升,对债券型的期望收益率升高的时候,可以考虑加大债券型的投资比重。

③由于利率下降,对债券型的期望收益率降低的时候,可以考虑加大股票型的投资比重。

其实,投资比率该如何设定、如何调整,并不存在明确的标准。而且,也不存在必然成功的定律。实际上,预测金融市场的变化,再根据这个变化周旋于债券型和股票型之间并不像想象的那么简单。所以,为了长期不断地复利投资,请不要被金融市场的短期变化轻易动摇,而要保持一贯的资产分配战略。

投资组合:适合你更重要

按照我上文所讲的"根据投资目的选择金融产品"的内容,我们来举例说明一下。

假设你现在有6万元,每月平均可投资金额为6 000元,你可以这样分配投资金额:

第5章 投资理财,"小钱"终将变"大钱"

为准备子女上大学资金,每月投资股票型基金600元以上。

为准备养老资金,每月投资变额年金保险1 200元以上。一旦参加变额年金保险就很难调整保险费,所以设定投保金额时一定要慎重。

为其他目的每月投资4 200元,其中的一半即2 100元投资1年零存整取存款或MMF、CMA,另外2 100元投资股票型基金。

6万元中的3万元投资1年定期存款,另外3万元投资股票型基金。这时不要把投资股票型基金的3万元一次性投资,而是要分成多次每月定额投资(例如每月各3 000元,投资10次)。

如果每月将2 100元投资零存整取存款或MMF,1年后会变成25 200元。而且之前投资定期存款的钱1年后涨了利息变成3万多元。把这两笔钱合在一起,就超过55 200元。把这笔钱再次投资定期存款,下一年继续投资零存整取存款或MMF。

每月要继续积攒2 100元用于投资股票型基金,除了调整投资比率的情况以外,用相同的方法继续投资。

1年内根据定期存款的到期日实施1次恢复投资组合平衡策略,必要时变更投资比率。

风险厌恶的投资者或中短期内需要大量用钱的人,要把零存整取存款和定期存款的投资比重保持在 60% 或 70% 以上。临近退休的情况也是一样。

无论什么情况,只要临近需要大量用钱的时候,就要把投资股票型基金的钱慢慢地转移到 MMF 或 CMA,再根据情况中断投资股票型基金,已经投资股票型基金的钱也要全部转移到 MMF。

即使每年可储蓄的钱的金额有所变化,也要一直保持设定的投资比率。

如果这样投资的话,整个理财系统就会形成如图 5.6 一样的形态。如果理解这个系统运行的一系列规律,并根据这个规律理财,就会不断增加储蓄金额并进行复利投资。

我自己就是这样做的。为了准备女儿上大学的资金,我每月以自动转账的方式定额投资股票型基金,如果有多余的钱,再利用追加存入方式投资比平时更多的钱。为了准备养老资金,我投资变额年金保险,同样偶尔利用追加存入方式投资更多的钱。还有,为防备意外死亡,我参加了终身保险,准备等年老后转换成年金领取终身年金。

为其他目的的投资情况如下:

第 5 章 投资理财,"小钱"终将变"大钱"

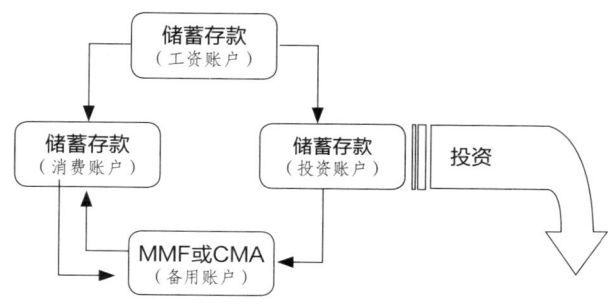

比例	类别	金融产品	投资项目
30%	股票型	股票型基金1	子女上大学资金
		变额年金保险	养老资金
70%	债券型	零存整取存款(或MMF、CMA)	其他目的资金
		定期存款	
	股票型	股票型基金2	

图 5.6 理财系统

如果以攒钱为目的,那么主要投资 CMA(每月直接转账的方式)和 KOSPI200 指数 ETF。ETF 和追加式基金一样,不可以以自动转账的方式投资,而是要利用证券公司的委托账户像股票一样直接买进。这自然有很多不方便的地方,不过由于已经养成习惯,对我来说非常容易操作。以钱生钱为目的,大钱主要投资相互储蓄银行的 1 年定期存款(到期支付式、整存整取、确定利息型)

197

和 KOSPI200 指数 ETF。而且，根据定期存款到期日，1 年实施 1 次恢复投资组合平衡，必要时变更投资比率。

我按下面的标准来设定"定期存款：股票型基金（或 ETF）"的投资比率。

如果 1 年定期存款的年收益率不到 4%，股票型基金的投资比重保持在 40% 以上。

如果 1 年定期存款的年收益率达到 4% 以上，那么就保持"60∶40"的投资比率。

如果 1 年定期存款的年收益率达到 5% 以上，那么就保持"70∶30"的投资比率。

如果 1 年定期存款的年收益率是 6% 以上，股票型基金的投资比重保持在 20% 以下。

这相当于定期存款的收益率每上涨 1%，定期存款的投资比重就增加 10%。我的这种根据利率变化变更投资比率的投资战略，反映出只想应对股票价格变化的消极意图（并不一定会这样）。可以看出，利率上升股票价格就会下跌，利率下降股票价格就会上涨。即如果今天新投资的定期存款的收益率比 1 年前高，则意味着以后股票价格会下跌；反之，则意味着以后股票价格会上涨。这还意味着在过去1年里，利率上升或下降，所以股票价格的下跌或上涨趋势也可能已经在进行当中。

因此，如果定期存款的收益率上升，为了防备以后股票价格下跌，就要降低股票投资的比重；如果预计以后股票价格上涨，就增加股票投资的比重。

利率不像股票价格那样，在短期内波动较大，所以如果不是发生了像外汇危机那样极端的市场冲击，是很难在某一天突然上涨或下降1个百分点的，因此，不需要经常变更投资比率。

为了准备女儿上大学的资金和我与妻子的养老资金，不管利率怎样变化，我都会长期不间断地每月买进一点股票。

我在定期存款到期日前后花在理财投资上的时间最多，有时一整天都在按计算器。这时最重要的是确认一年里总共储蓄了多少，比前一年增加了多少净资产。一年里的储蓄金额和净资产增加率也是我和妻子在过去一年里努力的成绩单。

再次投资之前，我会和妻子商量，今后1年内或2～3年以内是否会需要支出一大笔钱。需要再次强调的是，如果短期内有大额用钱的计划，就应该在再次投资之前先预留出一大笔必要的备用资金，还要把投资股票型基金的钱一次性或阶段性地转移到MMF。

知识点

互储蓄银行的月复利定期存款

相互储蓄银行定期存款的利息比一般银行高1%左右，不仅如此，大部分一般银行的到期支付式定期存款（即整存整取定期储蓄）都是支付按单利或年复利计算的利息，但相互储蓄银行的大部分到期支付式定期存款都是支付按月复利计算的利息，所以实际收益率更高。

例如，把6万元按年利率5%投资一般银行的1年定期存款，一年后产生3 000元的税前利息；以相同的利率投资相互储蓄银行的1年定期存款，一年后产生3 066元的税前利息。虽然都是年利率5%，但实际收益率却高出0.11%。再考虑到比一般银行的利息高1%这一点，假设相互储蓄银行的1年定期存款的利率是6%，1年后产生3 696元的税前利息，年收益率差异变为1.1%以上。

只是，相互储蓄银行比一般银行信用度低，所以最好只在存款人保护金额以内（现行含本息各金融机构为30万元/人）投资。如果相互储蓄银行破产，退还投资储蓄或零存整取的钱至少需要几个月或1年以上，而且还有可能无法得到原先约定的利息，因此投资期限最好设定为1年以内。相互储蓄银行的信用度低,意味着其破产的可能性比一般银行高。如果担心这一点,就把钱交给一般银行代管,会更安全一些。

访问理财信息公司 MONETA 的网站就可以清晰地比较一般银行及相互储蓄银行的存款利率,还可以获得基金、保险等各种金融产品信息。

种下金钱后,你期望收成多少?

在第2章中,我用下面的公式表示投资者可以期望的投资收益率。

年期望收益率 = 1 年定期存款的税后收益率 + 风险补贴

在这个公式中,定期存款的税后收益率是既不用承担投资风险又可以得到无风险收益率,风险补贴是只有承担投资风险才可以得到的风险补偿率。

例如,定期存款的税后年收益率为 4% 时,如果投资者投资股票型基金,期望税后年收益率 10%,这就意味着年风险补贴为 6%。

如果投资者不把钱全部投资到股票型基金,而是为了分散投资风险,按"定期存款:股票型基金 = 50:50"的比率分配投资,全部投资金额税后年期望收益率为 7%,由于投资风险降低了一半,所以年风险补贴也从 6% 降到 3%。这时，所有投资金额中的税后期望收益率被称为"投资组合的期望收益率"。

投资的时候，像这样先设定投资组合的期望收益率，再以此决定"定期存款：股票型基金"的投资比率是非常重要的。如果不这样做，投资者可能会为了获得投资组合的期望收益率，而承担比预想的风险还要大的投资风险。

一项投资的收益率是5%还是10%，本身并没有多大的意义，它必须与某个利率相比较。人们常用的是一年期定期存款利率，只有高于这个利率，这项投资才值得选择。

例如，对于一个想将投资组合年期望收益率 4% 作为目标的投资者，如果定期存款的税后收益率为 4%，那么他就没有必要再投资股票型基金，因为股票型基金投资比重的增大就意味着投资风险的增加。

如果定期存款的税后年收益率下跌到 3%，那么只投资定期存款就无法得到期望的投资组合收益率，所以要将部分资金投资于股票型基金。但也没有必要投入过多金钱，因为如果投资者期望股票型基金的税后年收益率是 10% 的话，股票型基金的投资比重保持在 15% 左右就可以了。因为当股票型基金的投资比重超过

10%时,就可能会承担超过平均水平的投资风险。当然,在这种情况下,投资组合的期望收益率也会提高。但如果这不是投资者自己的意图,实际上是一种增加投资风险的行为。

我的目标是将投资组合的年均期望收益率保持在7%左右。除去最近10年的年均物价上涨率为3%~4%,还可以获得4%左右的实际年收益率。而且,我在长期投资时,期望股票型基金的税后年均收益率保持在8%~12%。在1年定期存款的年收益率不到4%的时候,我的股票型基金的投资比率保持在40%以上,根据定期存款的收益率变化变更投资比率,也正是考虑到我期望的投资组合收益率后作的决定(见表5.2)。

表5.2 投资组合的期望收益率

(%)

投资组合A	投资比率	期望收益率(税后年复利)
定期存款	50	4.0
股票型基金	50	10.0
投资组合 A		7
投资组合B	投资比率	期望收益率(税后年复利)
定期存款	30	4.0
股票型基金	70	10.0
投资组合 B		8.2

股票型基金的期望收益率

股票型基金的期望收益率很难判断。因为谁都不知道明天股票价格的变动情况,所以,预测未来的收益率本身就不是一件容易的事。而且根据基金经理的经营能力,投资结果也会有很大的不同,这也是期望收益率很难预测的一个原因。也就是说,确切的收益率只有看到结果后才能知道。为此,我特意分析了1980—2007年韩国综合股票价格指数收益率和股票市场环境,在此基础上整理出以下内容,希望能够帮助读者朋友们较为准确地判断股票型基金的期望收益率。

图5.7是1980年到2007年间,韩国历年综合股票价格指数折线图。可以看出,20世纪80年代后期呈现出过热的态势,1990年股票价格暴跌以后到2000年间,以完全无法预测的形势反复呈现出过热和暴跌的现象。2001年到2007年间再次大幅上升。我把1980年到2007年划分为10大区间,并分析了韩国统计厅和韩国银行的统计资料,比较了各个时期的综合股票价格平均收益率和定期存款平均收益率(税前),同时还计算出了同期平均物价上涨率。

从1980年到2007年的28年间,综合股票价格指数年均收益率是11.08%。而同时期的定期存款的年均收益率是8.93%,非常高。

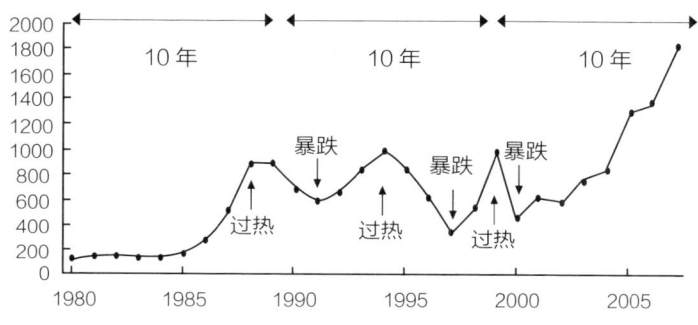

图 5.7 韩国历年综合股票价格指数

所以,这时的风险补偿率可以达到 2.15%。投资者在此期间进行长期持续复利投资时,即使是 1% 的利率差异,收益差额也是非常大的。这时的风险补偿率虽然不能称为低风险,但也绝不像大多数人所想的那样——股票和定期存款的收益率具有很大差异。

表 5.3 中的定期存款收益率是税前收益率,所以还需要扣税,而且还可以把没有体现在综合股票价格指数中的 1%~2% 的年红利收益率(所有上市企业每年支付给投资者的分红的收益率)加到综合股票价格指数收益率上,这样一来,风险补贴就会更高一点。但是投资股票型基金的时候,每年需要支付给金融公司全部投资额的 2%~4% 作为费用。考虑到这一点,红利与费用抵消之后,综合股票价格指数的收益率就会降低到 1%~2%。所以,即使定期存款收益率还需要扣税,其结果也不会有太大的变化。

表 5.3 按投资期间的综合股票价格指数和定期存款收益率

(%)

投资期间	综合股票价格指数平均收益率（年复利）	1年定期存款平均收益率（年复利）	风险补贴	平均物价上升率（年复利）
1980—2007年	11.08	8.93	2.15	5.75
1980—1999年	12.36	10.53	1.83	6.89
1990—2007年	4.17	7.77	-3.60	4.48
1980—1989年	24.71	11.03	13.68	8.08
1990—1999年	1.23	10.03	-8.80	5.71
1990—2000年	-5.22	9.84	-15.06	5.39
2000—2007年	7.96	5.02	2.94	2.96
2001—2007年	20.83	4.61	16.22	3.06
2002—2007年	18.26	4.41	13.85	2.89
2003—2007年	24.76	4.31	20.45	2.92

注：1.综合股票价格指数平均收益率：用投资期间内开始时的指数比投资结束时的指数；
　　2.定期存款平均收益率：到1995年的平均储蓄利率，从1996年应用加权平均受信利率（1～2年到期）；
　　3.平均物价上升率：投资开始时的指数对比投资结束时的指数（全国消费者物价指数）。
资料来源：分析对象的基础数据来自韩国统计厅和韩国银行的统计资料。

第 5 章 投资理财,"小钱"终将变"大钱"

20 世纪 80 年代,综合股票价格指数的年均收益率是 24.71%,定期存款的年均收益率是 11.03%。因此,这期间的风险补贴很高,是 13.68%。80 年代中期以后,由于被称为"三低(低利率、低油价、低美元)旺季"的经济旺季期和 1988 年奥运会特殊背景等,股票价格急剧上升。

到了经历外汇危机的 20 世纪 90 年代,定期存款的年均收益率很高,是 10.03%。相反,综合股票价格指数的年均收益率仅仅是 1.23%。因此,这期间的年风险补贴是 -8.80%,相当于消耗了大部分无风险收益率,这表现在 1990 年到 2000 年这 11 年间的综合股票价格指数的年均收益率是 -5.22%。也就是说,即使投资者长期投资,如果股票价格无法上升,仍会造成较大的损失。而同时期定期存款的年均收益率是 9.84%,在这个时期投资股票需要很大的勇气。

再看看 20 世纪初的情况。从 2000 年到 2007 年,综合股票价格指数的年均收益率是 7.96%,年风险补贴是 2.94%。这个时期被称为"股票市场鼎盛时期",但并没有比平时显现出更大的差异,所以令人感到诧异。这是由于计算期间还包括了象征 IT 泡沫崩溃的 2000 年度的股票暴跌期。2000 年的综合股票价格指数创造了年收益率 -50.92% 的最差纪录。假如 2000 年 1 月 1 日投资了 60 万元,到 2000 年 12 月就变成了 30 万元,想收回本金还需要等待 4 年。

再看 2001 年到 2007 年间的情况，就和以前有很大不同。这期间的综合股票价格指数的年均收益率非常高，是 20.83%。相反，定期存款的年均收益率是 4.61%，低于 2000 年前一半的水平。这时期的年风险补贴也非常高，是 16.22%。尤其是 2003 年到 2007 年，5 年间的综合股票价格指数的年均收益率是 24.76%，定期存款的年均收益率是 4.31%，年风险补贴足足有 20.45%。在这里值得我们注意的是物价上涨率、利率及风险补贴之间的关系。

1980—1999 年（期间 1）的年均物价上涨率 6.89%，是 2000—2007 年（期间 2）的年均物价上涨率 3.06% 的 2 倍。而且，期间 1 的年均利率（定期存款的平均收益率）是 10.53%，也是期间 2 年均利率的 2 倍。相反，期间 1 的风险补贴是 1.83%，低于期间 2 的收益率 2.94%。2001—2007 年是年利率 4% 左右的低利率持续的时期，如果与此时的风险补贴 16.22% 相比，其差异就更大了。其实，物价、利率、股票价格之间的关系大致是"物价上涨→利率上升→股票价格下跌→物价下跌→利率下跌→股票价格上升→物价上涨"的循环结构。其核心在于利率，除了停滞性通货膨胀（经济状况停滞的同时物价上涨的现象）或恶性通货膨胀（短期内物价急剧上涨的现象）等经济环境极端不正常的情况外，利率变动是一个可以用来衡量未来股票价格收益率的非常重要的标准。

第5章 投资理财,"小钱"终将变"大钱"

最近,在投资股票型基金的时候,很多人觉得年收益率10%太少。那是因为2003—2007年的股票市场是旺季,综合股票价格指数从来不会是负数。这期间只要投资股票型基金的人,无论是谁、在什么时候、以何种方式投资,只要出入过股票市场的人,大部分都获得了很高的收益。人们对股票型基金收益率的期望值,可以从下面的调查结果中很容易猜测到。

据韩国代表性基金评估公司基金博士发表的"2007年基金投资者偏爱度问卷调查"[①]结果显示,假设投资10年股票型基金,35%的投资者期望年均收益15%~20%,超过25%的投资者期望年均收益20%~30%,甚至有21%的投资者期望年均收益30%以上。如果用"72定律"简单地计算,就可以知道年收益率30%意味着每2.4年就能够把投资金额翻2倍。正因为这样,最近很多人都把股票型基金想象成"会下金蛋的鹅"。还有一些投资者投资基金获得了高收益,于是自认为很有投资才能,我就曾见过把自己当成投资基金奇才的人。但是,好像很少有人注意这样的事实:综合股票价格指数从1980年时的100涨到1 000用了25年,从1 000涨到1 500只用了不到2年,从1 500再次超过2 000仅用了6个月。现在,让我们好好考察一下短期内股票价格大幅度上升的原因。

---

① 出自 Zero in "基金投资者偏爱度问卷调查",2008年2月13日,金惠淑基金分析师。

股票价格是由卖股票的人和买股票的人之间的交易形成的，是由供求关系决定的。当买家比卖家多时，股票价格就会上涨；当卖家比买家多时，股票价格就会下跌；如果买家和卖家的数量差不多，股票价格就会呈现平稳状态。供求关系的变化不仅受投资者的心理因素影响，还受利率、物价、经济状况前景、政治环境等各种因素的影响。

> 哪几种人适合投资证券投资基金？想把证券投资作为副业又没有时间的投资者；有意进行证券投资但缺乏证券知识的投资者；风险承受能力较低的投资者；期望获得长期稳定收益且不追求一夜暴富的投资者。

买股票的时候需要钱，所以如果买股票的人很多，就意味着很多钱流向股票市场。这种现象常被称为"股票市场流动性强"。2002年以后，形成股票市场旺季的最大原因也是流动性强，即持续买进加大了对股票的需求。

对于这种现象，专家们有两种看法：一种是以前市场对韩国经济和企业价值的评价一直很低，现在才开始给予合理的评价。另外一种是认为韩国经济的基础并没有变化，而由于银行存款利率低和政府对房地产市场强大的抑制政策等，没有找到合适投资方向的资金流向股票市场。

第 5 章 投资理财,"小钱"终将变"大钱"

无论哪种看法正确,一个非常清楚的事实就是:这 5 年内流向股票市场的钱比任何时候都多,股票价格大幅度上升。2002—2007 年,上市股票市价总额由 1 554 亿元增长为 5 712 亿元。如果说,2000 年以前是短期行情利差投机需求的增加导致了股票价格的上涨,2002 年以后则是个人投资者长期投资需求的增加推动了股票价格上涨。不仅如此,他们中大多数人无论股票价格怎样变动,每月都坚持按定额方式投资,为股票市场的持续流动性提供了强大的供给源。从 2007 年末到现在,社会保险已达到 1 320 亿元,其股票投资比重也一直扩大,已有超过 15% 的资金流向了股票市场。

表 5.4 股票型基金的变化

(单位:亿元)

时间	2001 年	2002 年	2003 年	2004 年	2005 年	2006 年	2007 年
股票型基金	420	540	600	540	2 220	3 000	8 220

表 5.5 市价总额中股票型基金的投资比重

(%)

时间	2001 年	2002 年	2003 年	2004 年	2005 年	2006 年	2007 年
股票比重	4.9	4.7	5.8	4.4	3.1	5.6	7.3

资料来源:资产经营协会。
注:股票比重是指在股票市场(交易所+KOSDAQ 市价总额)中本国投资信托基金编入股票所占的比重。

这 5 年间，股票价格持续上涨的一个最大的原因是股票市场的流动性大大增加，增加的流动性资金长期停留以及追加的流动性供给持续。这就好比向着火的房子倒了一桶油以后，继续用管子浇油。问题是股票价格是否会继续上涨呢？

有些人对此持乐观态度。2007 年 10 月综合股票价格指数刚超过 2 000，3 个月之内就下跌了 20%，落到 1 600。很多舆论提示基金挤兑（由于股票价格下跌导致恐慌的投资者争先恐后地从基金中抽回现金）的可能性。但是并没有出现大规模资金出逃现象。这表示想长期投资以增加资产的投资者，比根据短期股票价格变动而行动的人更多。长期投资者稳定的流动性资金供给是支撑股票价格的稳固基础。而每年增加 1 800 亿元经营资产的社会保险会继续增大股票的投资比重，到 2012 年会超过 20%。不仅如此，据韩国开发研究院（KDI）的研究资料，2010 年退休年金市场的规模会超过 3 000 亿元。由此可见，正是社会保险或退休年金这样的大规模基金投入股票市场，导致了股票价格的长期上涨。

另外，按投资主体整编股票持有比重也是一个原因。据证券期货交易所的资料，2004 年外国人持有的韩国股票比重占市价总额的 40%，到 2007 年末降至 30%；国内组织机构投资者和个人投资者的股票持有比重各增加了 3% 和 4.5%。以前韩国股票市场被称为"外国人的赌场"，受到外国投资者很大的影响。所以，当外

第 5 章 投资理财,"小钱"终将变"大钱"

国人卖出时,股票价格就下跌;当外国人买进时,股票价格就会上涨。不过,外国人对韩国股票市场的影响正逐渐减少。2005 年后,即使外国人继续卖出股票,综合股票价格指数依然可以达到 2 000。比起短期进出股票市场的钱,持续流入并长期停留在股票市场内的钱正在增加,因此,股票市场在短期内依然会有很大变动,但长期来说,一直上涨的可能性很大。

很多金融公司拿出这些积极的因素来营销股票型基金或变额保险。金融公司的理由是,最近韩国股票市场的投资环境,类似于美国 20 世纪 80 年代初期的大势上涨时期的环境。美国的道琼斯指数在 1982 年突破了 1 000,17 年后的 1999 年超过了 10 000。道琼斯指数进入大势上涨时期,美国突然进入低利率时代。因此,美国通过"401K"退休年金,增加个人向股票的间接投资,而且还扩大了各种年金的股票投资比重。这种变化导致美国股票价格长期上涨。这和韩国 2000—2007 年的情况是大致相同的。

也有对股票价格上涨大势论持否定意见的人。据 2008 年 2 月 26 日《韩国先驱经济报》报道,韩国所有收益证券账户数为 2 353 万个,相当于每户 1.5 个。这意味着有能力投资基金的人已全部在投资。即个人投资者的持续股票型基金投资供给还有一定的可能性,但新账户增加带来追加性流动资金供给的可能性不大。

很多人反对扩大社会保险的股票投资比重,像过去那样反对政府为了扶持证券市场而干预市场的人也很多。因此，当人们对股票投资的评价很低时，从政府的立场来看，会有很大的压力。这表示政府不可能按计划继续增加社会保险的股票投资比重。

即使实施退休年金制度的企业增加，是否会有大量金钱按比例流入股票市场也是一个未知数。引进确定给付型制度的企业要对以后的退休金财源及经营负责任，所以也可能对股票投资持消极的态度。引进确定给付型制度的企业，可以根据员工本人的情况决定投资对象。到目前为止，很多韩国人在投资时还是具有保本的倾向，通常对投资股票持消极态度。因此，即使引进退休年金制度的企业有所增加，但要想以此带来足以影响股票市场的资金，需要的时间将比想象的更长。

其实，从另外一个角度来看，外国人持有的韩国股票比重减少，也是一个消极因素。外国人持有股票比重减少，意味着他们把股票转给了韩国组织机构或个人投资者。最近几年，外国人在不断卖出股票，而国内组织机构和个人一直在买进。这种状况好比外国人正在投掷即将爆炸的炮弹，而韩国人在不停地接收。再这样下去，终有一天，炮弹由于人手不够落到地上，不可避免地发生爆炸。

我们再分析一下韩国的综合股票价格指数。有人认为，它也会像美国的道琼斯指数那样，在今后的10年会超过10 000。其实，这两种指数的计算方法不同，并不能用相同的标准进行比较。

第 5 章 投资理财,"小钱"终将变"大钱"

在继续保持 2003 — 2007 年的股票价格上升趋势的前提下,要使综合股票价格指数在今后 10 年内上涨到 10 000,如果不向股票市场追加庞大的供给资金是很难做到的。而且,如果想让股票价格长期上升,就要保持经济稳定发展,让企业在获利的同时一直成长。如果没有企业的成长,只靠增加流动性资金是很难让股票价格长期上升的。即只有保持稳定的环境,韩国的经济才能持续成长。

在今后 10 年里,如果要使投资股票型基金的期望年收益率达 20% 以上,就要了解最近韩国股票市场中发生的事情,也要确定这种趋势以后还会继续。但是,确定未来的股票价格本身就是不可能的事情,所以,对于那些认为股市高收益率会持续 10 年的人来说,与其说他们是在估算股市的"期望"收益率,不如说他们是在估算向上帝祈祷后才可能得到的"祈祷"收益率。

1988 年奥运会的前 3 年,综合股票价格指数上涨 3 倍以上,很多人非常兴奋,欢呼"奥运会结束之后,韩国经济也可以和其他发达国家平起平坐了"。1998 年外汇危机之后的 2 年内,综合股票价格指数上涨了近 3 倍的时候,也有很多人感到兴奋,认为这次和以前不一样,欢呼"已经到了综合股票价格指数开启 1 000 的时代"。但最终,他们都掉到了"陡峭的悬崖下"。每当这时,损失最大的人,往往是被股市前景大好的表象拉入股票市场的人。

2002年至2007年,综合股票价格指数翻了3倍以上,很多人又欢呼"到了综合股票价格指数2 000的时代、3 000的时代"。但是,从2008年下半年开始,股市发生急剧变化,终于和全世界的股票市场一起"患上了重病",这次股票市场震荡造成的损失仍然由投资者承担。

像这样,股票价格在直冲上天的瞬间像折翼的鸟一样坠落,然后又像从未发生过什么事似的再次飞冲上天。所以我认为,投资股票或基金很难在一年中保持一定的收益率。即使获得了高收益,股票下跌时如果不能减小损失幅度,也会在原地踏步或退步。对于大多数非专业投资者来说,是很难做到一边预测未来变化一边投资的。所以,相比根据市场和收益率前景来决定投资的做法,更重要的是建立自己可以长期保持的投资组合。换句话说,要知道自己能够承受的投资风险,并以适当的比率分散投资于储蓄、债券、股票上。总之,**为保持所有资产的投资收益率高于物价上涨率而努力,就可以减少投资失败的可能性,增加资产。**

成为有钱人的路就在脚下

俗话说:冬天来了,春天还会远吗?不喜欢冬天而一直等待春天到来的人,正因为知道春天一定会来,在冬天才不会觉得特别绝望；喜欢冬天的人，也正因为知道再过1年后冬天还会来临，所以暂时和冬天告别。如此，季节在循环，没有永远的春天，也没有永远的冬天。

投资的季节也一样。只要股票市场的暖春（上升期）来临，总有一天会成为盛夏（过热期）；刚觉得是秋天（下降期），马上就到了寒风凛冽的冬天（冷却期）。与季节的循环不同的是，股票市场的"换季"是没有规律的。

放眼股票市场，那些在"寒冬"开始投资，到"盛夏"结束投资的投资者们可以获得最大的收益率，但这样的人极其稀少；那些在"春天"开始投资，在"秋天"来临之前结束投资的人也能获得较多收益，不过这样的人也不太多；那些在"夏天"开始投资，到"秋天"结束投资的人会亏损；那些在"秋天"没结束投资，到了"冬天"才结束投资的人，亏损得更多。

大部分的人在火热的"夏天"开始投资，到"秋天"或"冬天"结束投资，所以总是在亏损，而他们损失的钱也会落到其他人的账户里。这种状况在不断循环。

根据自己制定的投资原则和战略进行长期投资的人，即使不能得到最高的收益率，也不会犯"夏天"开始投资，"秋天"或"冬天"结束投资的错误。

人们总是认真倾听专家们分析股票市场的前景，但却没注意到这些专家大多数并没有从自己所讲的股市前景中获得较高的投资收益，而是通过分析股市前景的行为本身赚钱。而且他们会随时改变自己的说法，让自己的结论符合实际情况。

很久以前，我看过一个节目，某经济频道邀请一位专家分析股票价格及市场前景后，有个投资者打电话前来咨询。打电话的人说自己正持有某只股票，问专家现在是卖掉还是继续持有。节目一结束，电视上随即播出为投资股票者迅速办理贷款的广告。前后一联系，我感觉就像看喜剧一样。

我在2007年10月综合股票价格指数冲上最高且未开始下降之前，把投资股票型基金的大部分钱转移到了定期存款。是我事先知道股票市场的夏天结束了吗？绝对不是。如果早知道，我就会撤出所有投资股票型基金的钱。这仅仅是因为定期存款到期日是10月，而且我根据自己的规律变更了投资比率。从那以后，股票价格大幅度下跌，所以我的股票型基金中剩余的钱和每月追加投资的钱的收益率仍然是负数。但是，这不过是多年获得的收益减少了一点而已。在之后的几年里，我也没有动用已投资资金的计划，只是静静地等待冬天过去，同时继续买进一点价格下跌的股票。

世上没有事先知道股票价格的方法，股票价格也不会由于你非常努力就会上涨。因此，我在期望股票价格上涨的同时，一贯实行自己制定的投资原则和战略。只是由于我缺乏甄别、经营股票的知识和经验，于是就把这件事交给以此为业的基金经理代管。但是不知道从何时开始，我开始讨厌基金经理不顾我本人的意志，随意选择、买卖我的股票。所以，为了消除这种烦恼，在最近2年内我把投资的股票型基金全部换成了指数型基金。经营指数型基金的基金经理除了指数中的股票以外，不能随意选择其他股票，也不能积极地买进、卖出。因为他的首要任务是得到和该指数型基金的收益率相同的收益率。

如果2008年的股票市场是冬天，利率市场就像是夏天。有钱人们四处奔走于各家金融公司，享受着利率带来的快乐。与此相反，债务累累的人却由于利息负担更加辛苦。

我打算在最近这次定期存款到期日，拿出一部分资金，投资期限为3年以上的确定利率债券。前段时期，一直都没有正眼瞧一眼的债券利率上升了很多，现在我觉得它非常有魅力。

以后利率市场再次面临冬天的时候，夏天买的债券不仅可以给我带来确定的收益，还会馈赠给我价格上升带来的买卖差价（债券买进后，如果利率下跌，债券价格就会上升）。虽然如果投资债券后利率继续上涨可能会损失本金，但只要手里一直握着债券直到到期日，就可以从发行机关收回所有的投资本金和确定收益。

因此，只要买进国债或信用度高的企业发行的债券，持有到到期日，就可以决定收益是多少。

　　通往财富的道路不是用你曾经拥有的一切铺成的，而是用你现在拥有的一切铺成的。只有知道自己现在身处何处，你才能知道如何走到自己想去的地方。

　　看上去似乎会永远是夏天的股票市场，现在开始刮起凉风；看上去似乎会永远冷清的利率市场，现在再次火热起来。总有一天会再次换季，但换季的转换点，对于包括我在内的大多数人来说，都无法预知，就连经济学博士或特定领域的专家也不例外。知道得多并不等于能够预测未来，这是完全不同的两回事。因此，只要想到这一点，我的内心就会非常平静。有了这样的心态，就可以不用咨询别人，而根据自己的判断投资。如果完全不知道该怎么做，那认真储蓄也是一个不错的选择。

　　我们手里的每一分钱，都是每天流着汗水，工作8小时赚来的。那么，投资这来之不易的钱，其决定权是该交给别人，还是该交给自己呢？我认为应该由自己来决定。

财智观

结合人生目标，合理配置资产

当居民的收入持续大于支出，出现资金结余和可投资资产时，就意味着他们走进了投资时代。经过十几年的飞速发展，中国的老百姓积累了大量财富。他们一方面千方百计地寻求资产保值增值的方法，另一方面却又极其草率地作出投资选择。很多人只是一味地问我投资什么好，可是当我问"这笔投资你准备用来做什么"的时候，大多数人的回答却都语焉不详。

萧伯纳告诉我们，"经济是充分利用人生的艺术"，或者说，经济是实现人生的艺术。在进行投资管理的时候，我们必须考虑的一点是：在我人生的这个阶段，我要用什么样的财务手段，实现我未来什么样的人生目标。面对不同的人生目标（结婚、买房、子女上学、子女结婚、退休），我们应该采取不同的资产配置方案和投资方式。

但是，2008年金融市场的突然变化，也让人们明白了另一个道理：如果投资理财是一座殿堂，通往殿堂的每一道门就是一个投资工具。这些门从低到高，依次显示了过去一年的业绩，而最高点霓虹灯闪亮之处，乃过往收益率最高之处。那么人们的投资理财，并不是选择收益最高之门，因为它也许是踏进去后跌得最深之门。人们要做的是，通过了解自己的短期目标和中长期目标，建立起一个最佳的投资组合，以便在此涨彼跌之时，依然能够规避风险、获得收益。

后 记
4개의 통장

工薪族成为有钱人的最佳方式就是"投资自己"

2008年初，在我撰写文稿期间，油价超过了100美元，原材料价格暴涨，韩元与美元的汇率也上涨了很多。夏天，我将文稿交给出版社以后，犹如一场核爆炸一般，美国金融危机波及韩国境内。股票价格指数再次变成3位数，韩元与美元之间的汇率逼近1 500∶1。

回想起经济一直景气的2007年，我觉得这一切都来得太突然了。但转念又想起一位医生曾经说过的话："中风不是某一天突然降临的病症，而是潜伏很久的病情突然爆发。"

最近由于物价上涨、贷款利率上升以及股票价格暴跌，很多人都陷入了经济困境。尤其是在综合股票价格指数连日突破新低点的 2007 年下半年，很多第一次投资股票型基金的人，都想着至少要捞回本金，正翘首企盼股票价格再次上升。投资海外基金的人也一样。

不仅如此，还有很多投资者坐在金融公司的营业点，喊着"还我钱来"。这些投资者认为，金融公司只劝人投资却没有向他们作详细的解释，才会导致今天的结果。

上述这类情景，以前只在证券公司才能看到，但现在在银行和保险公司也能看到同样的情景。不仅是投资者，连金融公司的职员也心急如焚。这难道不是"投资时代"带来的副作用吗？

不知从何时开始，我们周围就流行"从储蓄时代到投资时代"的口号。从某种角度来看，这可能是为了成就资本市场，政府和金融公司一起造出来的新语言。金融公司和个人资产结构随之发生变化。其结果就是没有投资基金或变额保险的人，被认为是落后于时代的人。

我以肯定的心态接受这种变化。如果个人和组织机构的钱只集中在房地产、债券、储蓄等，对个人、国家经济都没有太多的益处。但是很多人不太相信自己的判断，更喜欢听从金融公司的建议或别人的话来作投资决定，我并不赞同这样的做法。金融公司之间的竞争非常激烈，在某种意义上，他们会鼓动个人进行"别过问"式投资。

然而，劝别人投资的人也好，要投资的人也好，看起来不像

后 记

是为了更好地生活而投资，而更像是在参与一场互相抢夺收益率的游戏。

我相信大部分只追求高收益的人无法与持续储蓄的人匹敌。而且，一个普通人为了成为有钱人，最正确的方法应该是，在保持良好的储蓄习惯的同时，提高自身的价值以增加收入，或通过自我提升以创造出额外收入。因此，在投资股票或基金之前，要把更多的时间和金钱用来投资自己。这样积累下来的知识和技术才会成为巨大的财富。

我不是有钱人，也不是成功人士，但是有一件事情却令我非常自豪，那就是我和妻子从来不会节省买书或读书所需要的钱。无论怎么忙，我们也会挤出时间读书或学习。因此，我不仅在自己的工作领域取得了专业性的认可，还能把多年的理财经验整理出来出版此书。这本书不仅可以给我带来额外收入，也可以让"高敬镐"三个字出现在世人的面前。我相信，这些努力最终会成为无形的利益，附加在我身上。

我妻子是中学保健教师，她也在相关领域获得了专业性认可，前不久还和著名大学教授们一起参与了有关学校保健的研究项目，并且和专家们一样，在研究论文上署上了自己的名字。

像这样，投资自己不仅是世上最开心的事情，还可以以增加收入或自我满足感等形式保障收益。这类收益无法通过投资股票或基金获得。投资股票或基金获得的收益有再失去的风险，但投资自己的收益永不会消失。

因此，我想在这本书中一直在讲的"想成为有钱人，就要充分储蓄并不断地进行复利投资"这句话前面，再加上一句"对自己也要充分、不断地投资"。

最后，我想感谢撰写本书过程中给予我很多帮助的人。

我非常感谢认真读完文稿后决定给予出版的茶山书屋金善植社长和有关人员。

真心感谢包容文稿的很多不足之处、认真阅读并给予很多鼓励的申贞淑老师、李香淑、金相镇研究员、孙贞淑、李京熙、赵元德药剂师、朴宗焕分店店长、金泰宪金融理财师。

感谢给予我严厉批评和诚恳建议的黎虎龙和朴哲真金融理财师。

我还要向在撰写本书期间，一个人和孩子度过所有节假日的妻子朴京敏传达我最深刻的爱，向每天给我们家庭送上"一粒幸福的金蛋"的可爱的女儿，传达我的爱。

高敬镐

译后记
4개의 통장

"四个账户"自动化理财系统，让"有钱"触手可及

"理财"这个词对我来说，一直都很陌生。我不知道理财是什么，也不知道怎么理财。在我的概念里，理财是专业人员使用的词，是专业人员才玩的"游戏"。

接到这本书的翻译工作后，我先认真地读了一遍，发现原来理财并不像我所想的那样专业，我在生活中其实时时刻刻都在理财，只是自己没有发觉而已。我惊讶地发现，我平时的理财方法和书中所讲的理财方法有很多相似之处，只是我的理财方法没有它所讲的那么系统、完整。用这本书里的话来说，"我的理财方法需要重组"。

这本书中一直强调的是充分储蓄、预留备用资金、长期复利

投资。"充分储蓄"并不是能省就省,而是该省的要省,该花的要花;"充分储蓄"并不是节衣缩食,而是要为美好生活作准备,可以理解为精打细算,不要浪费。"预留备用资金"是为了预防不测,也是为了减少投资损失。"长期复利投资"需要人们耐心地等待投资结果产生复利。俗话说"心急吃不了热豆腐",投资最忌心急。

第3章"自动化理财系统:四个账户让钱生钱"是我最喜欢的一章。这一章详细介绍了工资账户、消费账户、备用账户、投资账户这四个账户组成的自动化理财系统及应用方法。我曾经也有记账的习惯,但因为意志薄弱,且需要花费太多的时间,所以没能坚持下来。但我仔细研读了四个账户理财系统后,发现这真的是一个非常实用的方法,既省时间,也不用花太多精力。只要有四个账户,并按书中所讲的方法设置,就可以建立一个自动化的理财系统,不用记账也可以非常清楚地掌握自己的支出情况。

"人们之所以不能充分储蓄,是因为不清楚支出了多少,剩下多少",我认为这句话很有道理。俗话说"你不理财,财不理你",如果钱的主人对钱都不上心,财富怎么可能会增多呢?常常听人说,"钱生钱,富人生富人"。对于这句话,我从来没有怀疑过。没有本钱,怎么可能快速成为有钱人呢?这本书虽然不能让普通人立刻成为有钱人,却指出了一条让普通人成为有钱人的道路。如果按照本书中所讲的方法坚持下去,在不久的将来,你肯定也能成为有钱人。因为这本书用数据与实例说明了一个普通人成为有钱人的可能性。

在我们的生活中,富人是少数,多数人都是平凡的上班族。但我们都梦想通过自己的努力成为有钱人。如果你也是其中的一位,就有必要仔细研读这本书。

崔英梅

附 录
4개의통장

共读书单

以下是历年来我们的读者推荐的各类兼具权威性和实用性的书籍。

致富之道

《财富流》（*The Millionaire Master Plan*）
罗杰·詹姆斯·汉密尔顿（Roger James Hamilton）

《思考致富》（*Think and Grow Rich*）
拿破仑·希尔（Napoleon Hill）

《百万富翁的思维密码》(Secrets of the Millionaire Mind)

T. 哈维·埃克（T. Harv Eker）

《百万富翁快车道》(The Millionaire Fastlane)

M.J. 德马科（M. J. DeMarco）

《巴菲特的护城河》(The Little Book That Builds Wealth)

帕特·多尔西（Pat Dorsey）

《财务自由笔记》(Millionaire Teacher)

安德鲁·哈勒姆（Andrew Hallam）

《费雪论成长股获利》(Paths to Wealth through Common Stocks)

菲利普·A. 费雪（Philip A. Fisher）

《怎样选择成长股》(The Little Book That Makes You Rich)

路易斯·纳维里尔（Louis Navellier）

《找准下一个买卖点》(*Trades About To Happen*)

戴维·H. 魏斯（David H. Weis）

《浪潮式发售》(*Launch*)

杰夫·沃克（Jeff Walker）

经济洞察

《国家兴衰》(*The Rise and Fall of Nations*)

鲁奇尔·夏尔马（Ruchir Sharma）

《即将到来的地缘战争》(*The Revenge of Geography*)

罗伯特·D. 卡普兰（Robert D. Kaplan）

《弗里德曼说，下一个一百年地缘大冲突》(*The Next 100 Years*)

乔治·弗里德曼（George Friedman）

《欧洲新燃点》(*Flashpoints*)

乔治·弗里德曼（George Friedman）

 中 资 海 派 图 书

[美] 帕特·多尔西 著　刘寅龙 译

定价：55.00元

找到投资的护城河　才能长期战胜市场

　　帕特·多尔西阐述了巴菲特的"护城河"理论，并精选了大量选股实例，成为继巴菲特后能够系统运用该理论的全球第二人。在本书中，你将会看到：

○无形资产、转换成本、网络经济、成本优势。——循序渐进、深度分析，独家诠释　巴菲特的"护城河"。

○好品牌不一定是好企业，好企业不一定有好股票，好股票不一定赚得久。——结合　实际，分辨真假护城河。

○高不高？买不买？——掌握财务估价工具，发现绝佳投资机会。

　　会买只是徒弟，会卖才是师傅。——应用整套原则，精准定位合适价位。

　　翻开本书，你将获得一整套投资分析实操方法，比市场更好地预测公司的前景，找到一家公司是否值得投资的确定依据。

[加] 安德鲁·哈勒姆 著

孟 波 刘寅龙 译

定价：59.80 元

百万富翁导师内部特训教程

亚马逊投资理财类图书排行榜 NO.1、《华尔街日报》投资理财类畅销书

- 收入只相当于中低水平，只会花钱不会投资？本书将加速让你成为"富一代"，不再因金钱问题而烦恼；
- 每月都只赚"死工资"，听理财顾问的建议亏了钱，感到致富无望？本书能让你从零开始，深入浅出，轻松让资产增长到 8 位数；
- 想投资却总是受挫，搞不懂复杂的交易？本书具体而行之有效的策略，让你赚 600 万的时间缩短再缩短。

一年只需 60 分钟，财富积累立见成效；新手一看就懂，不怕下跌、不走弯路，稳健赚钱。

 × **READING YOUR LIFE**

人与知识的美好链接

20年来,中资海派陪伴数百万读者在阅读中收获更好的事业、更多的财富、更美满的生活和更和谐的人际关系,拓展读者的视界,见证读者的成长和进步。

现在,我们可以通过电子书(Kindle、掌阅、阅文、得到等平台)、有声书、视频解读和线上线下读书会等更多方式,满足不同场景的读者体验。

微信扫一扫
🔍 海 派 阅 读

关注微信公众号"**海派阅读**",随时了解更多更全的图书及活动资讯,获取更多优惠惊喜。读者们还可以把阅读需求和建议告诉我们,认识更多志同道合的书友。让派酱陪伴读者们一起成长。

也可以通过以下方式与我们取得联系:

📞 采购热线: 18926056206 / 18926056062　　📞 服务热线: 0755-25970306

✉ 投稿请至: szmiss@126.com　　🌐 新浪微博: 中资海派图书

更多精彩请访问中资海派官网　　`www.hpbook.com.cn` ▶